タロット占い入門

占い入門

Tarot Card Reading

Ako Morimura

森村あこ

監修

実業之日本社

プロローグ

　私がはじめて「タロット」という存在を知ったのは、とある雑誌の付録についていたタロットカードを手にした時でした。私の中では、「タロット＝占い」という構図がすでに出来上がっていたために、たいして疑問に思うこともなく、思春期の女の子がふつうにやるように、友達と一緒に占ったり、好きな人のことをこっそり占ったりしていました。
　この本の第1章でお話しするように、実際のタロットが、どのように誕生したのかを知ったのは、それからかなりの年月が経ってからのことでした。

　はじめてタロットに触れたときの感触は、今でもはっきり覚えています。カードに描かれている、独特の絵柄の世界がとても新鮮で、「自分で占える」という楽しさも、とても魅力的だったのです。
　タロットの絵柄はストレートでありながら、そのときどきの自分のコンディションによっては、まったく異なる印象を受けることも不思議でした。
　今にして思えば、カードの絵柄そのものというよりも、その絵柄を通して、自分の心をかいま見ていたのかもしれません。

　恋をしている人が占うときは、恋愛にまつわるイメージを感じとるでしょうし、仕事やそのほかの人間関係を案じて占うときもまた、仕事や特定の人物にまつわることが、まるでスクリーンに映し出された絵物語のように、印象的な連想が次から次へと湧いてくるでしょう。
　そして、たとえ同じカードが結果として表れても、そのときの心象によって、まったく違うイメージや、メッセージを感じとることもあるでしょう。
　タロットは、占う人の心を映し出す鏡のように、そのときに必要なインスピレーションをもたらしてくれるのです。

　タロットには、さまざまな図象が描かれた22枚の「大アルカナ」と、56枚の「小アルカナ」があります。合わせて78枚のタロットデッキ（カード1セットのこと）には、象徴的な図柄や、元型的なモチーフが描かれているため、すべてを

並べて眺めてみると、まるで曼荼羅のように、象徴世界のイメージが生き生きと浮かんでくるでしょう。

　本書では、タロットに描かれている図像の意味、カード1枚1枚のイメージを、ストーリーとして解説してあります。
　そして、占いに用いたときの結果の読み解きの助けとなるように、それぞれのカードの正位置、逆位置や、具体的なシチュエーションにおけるキーワードについてもまとめてみました。
　けれども、タロットの図像のイメージや象徴は、本書に書かれていることに限定されたり、固定されたりするものではありません。実際には、自由な連想から受けとる情報のほうが、たくさんあるでしょう。
　実際に占ってみたときに、カードから感じ取ったイメージや、感覚的なインスピレーションを大切にしてください。
　この先、タロットとコミュニケーションを深めていく際には、結論として書かれている言葉だけでなく、あなたが心で感じたことが重要だということを忘れないで……どうぞ自由に、タロットの世界を旅してみてください。
　この本が皆様の良きガイドとなれたら幸いです。

　　　　　　　　　　　　　　　　　　　　　　　　　　　　森村あこ

タロット占い入門

目次

プロローグ　　2

第1章　タロットの基礎知識 ——— 7

タロットの歴史をひもとくと……　8
代表的なタロットカード　10
世界のタロットカタログ　12
自分に合ったタロットを選ぶには?　18
どんな人でも、タロットで占える　19
タロットに描かれている「象徴」とは?　21
<カード読み解きの3つのポイント>　23
タロットは直感力アップのトレーニングにも!　29
「逆位置」の解釈について　30
<「逆位置」の解釈3つのコツ>　32

COLUMN　タロットとシンクロニシティー　34

第2章　大アルカナカード解説 ——— 35

大アルカナとは……?　36

0	0・愚者 ……… 38	VIII	8・力 ……… 54	XVI	16・塔 ……… 70
I	1・魔術師 ……… 40	IX	9・隠者 ……… 56	XVII	17・星 ……… 72
II	2・女教皇 ……… 42	X	10・運命の輪 … 58	XVIII	18・月 ……… 74
III	3・女帝 ……… 44	XI	11・正義 ……… 60	XIX	19・太陽 ……… 76
IV	4・皇帝 ……… 46	XII	12・吊るされた男 … 62	XX	20・審判 ……… 78
V	5・法王 ……… 48	XIII	13・死神 ……… 64	XXI	21・世界 ……… 80
VI	6・恋人 ……… 50	XIV	14・節制 ……… 66		
VII	7・戦車 ……… 52	XV	15・悪魔 ……… 68		

COLUMN　大アルカナカードの順序と名称について　82

第3章　小アルカナカード解説 ──── 83

小アルカナとは……？　　84

WANDS

ワンドのエース ……88	ワンドの6 …………93	ワンドのペイジ ……98
ワンドの2 …………89	ワンドの7 …………94	ワンドのナイト ……99
ワンドの3 …………90	ワンドの8 …………95	ワンドのクイーン　100
ワンドの4 …………91	ワンドの9 …………96	ワンドのキング　　101
ワンドの5 …………92	ワンドの10 ………97	

PENTACLES

ペンタクルのエース … 102	ペンタクルの6 …… 107	ペンタクルのペイジ … 112
ペンタクルの2 …… 103	ペンタクルの7 …… 108	ペンタクルのナイト … 113
ペンタクルの3 …… 104	ペンタクルの8 …… 109	ペンタクルのクイーン … 114
ペンタクルの4 …… 105	ペンタクルの9 …… 110	ペンタクルのキング … 115
ペンタクルの5 …… 106	ペンタクルの10 … 111	

SWORDS

ソードのエース …… 116	ソードの6 ………… 121	ソードのペイジ …… 126
ソードの2 ………… 117	ソードの7 ………… 122	ソードのナイト …… 127
ソードの3 ………… 118	ソードの8 ………… 123	ソードのクイーン …… 128
ソードの4 ………… 119	ソードの9 ………… 124	ソードのキング …… 129
ソードの5 ………… 120	ソードの10 ……… 125	

CUPS

カップのエース …… 130	カップの6 ………… 135	カップのペイジ …… 140
カップの2 ………… 131	カップの7 ………… 136	カップのナイト …… 141
カップの3 ………… 132	カップの8 ………… 137	カップのクイーン …… 142
カップの4 ………… 133	カップの9 ………… 138	カップのキング …… 143
カップの5 ………… 134	カップの10 ……… 139	

COLUMN　コートカードを人物で例えると……？　　144

第4章　タロット実占講座 ──── 145

占いのための準備	146
タロット占いの手順	149
占う前に……	150
① 何を聞くか、考える	150
＜「心の鏡」スプレッド＞	151
②「質問」の形にする	152
③ スプレッドを選ぶ	154
④ 使うカードの枚数を選ぶ	156
＜各スートの得意ジャンル＞	157
⑤ 逆位置をとるかどうかを決める	157
いよいよ占いを開始！	158
⑥ カードを交ぜ合わせる	158
⑦ カードをスプレッドに配置しめくる	161
⑧ カードの意味を読んでいく	162
占いを終えたら……	
⑨ カードはていねいにしまう	165
⑩ 出た結果を心に留める	165
＜カードを「お守り」として使う＞	166

第5章　7つの基本スプレッド ──── 167

ワンオラクル	168
ツーカード・スプレッド	170
スリーカード・スプレッド	172
ヘキサグラム・スプレッド	174
ケルティッククロス・スプレッド	176
ホロスコープ・スプレッド	180
パーティー・スプレッド	184
タロット実占Q&A	186
森村あこ実占！ タロット実況中継	192

エピローグ　〜人生を変えるタロット〜　　206

大アルカナ キーワード一覧表	208
小アルカナ キーワード一覧表	210
タロット用語集	212

第1章

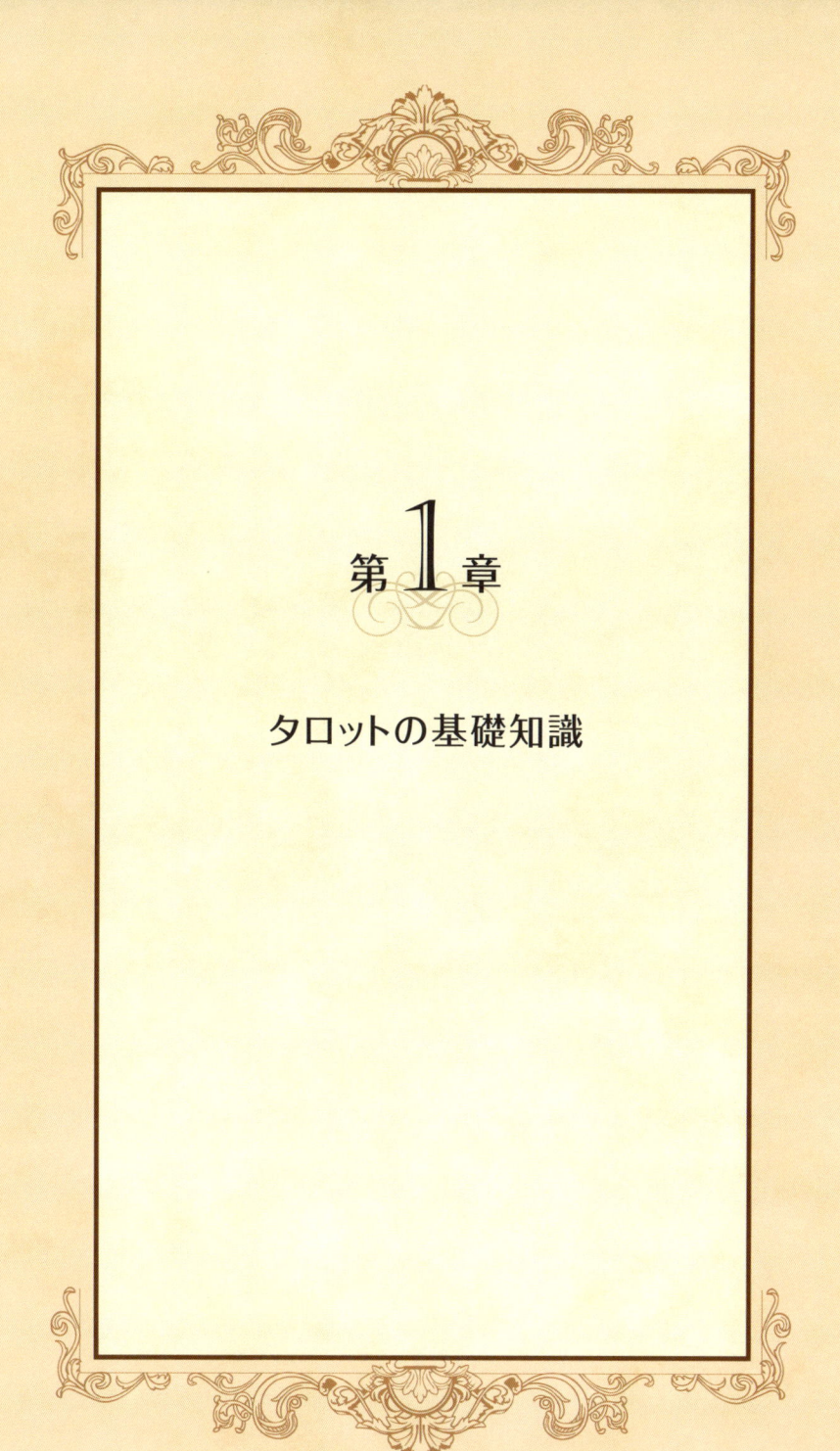

タロットの基礎知識

タロットの歴史をひもとくと……

　時代を超えて、私たちを魅了し続けるタロットは、いつどのように誕生したのでしょうか。タロットの前身と言われている数札のトランプは、小アジアや中近東からヨーロッパへ持ち込まれ、貴族の間に浸透していったようです。現存する最古のトランプは、13世紀のものです。

　数札だけのゲームでは飽き足らなくなったのか、15世紀中頃〜後半のイタリアで新たに加えられたのが、現在のタロットの絵札ではないかと考えられています。華やかなルネサンスの文化が花開く時代、それまでにない絵札に、当時の上流層の人々は魅了されたことでしょう。
　壮麗な図像が描かれた絵札が、本格的に占いに用いられるようになったのは、さらに先の18世紀フランス、近代化の幕開けの頃。それ以降、タロットは広範囲に伝播していきました。産業革命、フランス革命、資本主義の成立と、西欧諸国が急速な変化を迎えた時代に、時を同じくして変容をとげたタロットは、時代変化の要請に従ったのではないかとさえ思えます。

　現在もっともポピュラーな存在となっている「ウェイト版タロット」には、それまでのタロットにはない、劇的な変化が見られます。一番大きな変化は、小アルカナの数札のすべてが、それ以前のスートマークだけのカードから、ストーリー性のある図案に変更されたことです。
　ウェイト版は、その後のタロットに多大な影響を与えました。現在でも世界中で毎年のように誕生しているタロットの多くが、ウェイト版のモチーフをベースに作られています。

　このように、タロットが占いに用いられるようになった歴史は、わずか200年くらいのものだというのに、タロットに描かれたモチーフたちは、色あせることなく、私たちに語りかけます。タロットがもしも、図柄のない数札だけだ

ったなら……占いに用いられる道をたどることはなかったかもしれません。タロットの最大の特徴は、その図柄がもたらすイマジネーションと自由な連想が、心の奥深くにある感情に、ダイレクトに働きかけてくることではないかと思います。

　タロットに描かれている図柄には、元型的な象徴がふんだんに織り込まれ、それぞれのカードには、人生で遭遇するであろうドラマや、さまざまな登場人物を象徴するものが見事に盛り込まれているからこそ、急激な時代変化の流れの中で変容をとげながら、人を惹きつける魅力にあふれているのではないかと感じます。

　タロットが占いのために作られたものでないならば、占いの道具としての精度はどうなのかと、疑問に思う人もいるかもしれません。でも原点はどうであれ、歴史はプロセスにある……という見方も成り立つでしょう。
　世間一般では、タロットというと、どこか謎めいた神秘性を秘めているとか、魔術的とかいうイメージが、いまだに根強くあるようです。本書でタロットのそうした側面にあえて触れていないのは、それを否定しているからではなく、タロットのマニアックなイメージや固定観念を外して、もっと自由な気持ちでタロットの世界に親しんでほしいと願っているからです。
　時代とともに変容してきたタロットは、今後も刷新され、新しいイメージが吹き込まれて、また新たなスタイルを、私たちに見せてくれることでしょう。

代表的なタロットカード

　現在、「タロット」と銘打って販売されているカードには、大きく分けて、次の3つの系統があります。それぞれカードの順番や描かれている図像が異なっているため、カードを手に入れる際は、どの系統のものにするか決めてから買うといいでしょう。（カードの順番と図像については、82ページを参照してください）

★ ヴィスコンティ版

　現存するもっとも古いタロットと言われているのが、中世イタリアで隆盛を極めたヴィスコンティ家に伝わるもので、「ヴィスコンティ版」と呼ばれています。婚礼や爵位継承などの祝いの品として作られたと考えられており、キャリー・イエール版、ベルガモ版などいくつかのバージョンが存在します。カードが散逸してしまっているため、完全な枚数や種類は詳しくはわかっていません。右の図版は、ヴィスコンティ版に影響を受けて作られた「メディバル・スカピーニ・タロット」の「魔術師」のカードです。

★ マルセイユ版

　ヴィスコンティ版から派生して、16世紀から18世紀頃に制作された、木版画のタロット。特にフランスのマルセイユで作られたことから、この名で呼ばれるように。主にゲームに用いられたため、小アルカナの数札が各スートのシンボルと数だけで表現されており、占いで使うには、

やや意味がとりづらいかもしれません。ですが、素朴な絵柄と飾り気のないシンプルさから「タロットカードの元祖」として、今も愛好者は多く存在します。

★ ウェイト版

　世界でもっとも有名なのが、「ウェイト版」と呼ばれるデッキです。イギリスのライダー社から発売されたことから、「ライダー版」とも呼ばれています。これは1910年、秘密結社「黄金の夜明け団」のメンバーであったアーサー・エドワード・ウェイトが、それまでのタロットに独自の解釈、シンボルを加えて創作したものです。
　絵は、パメラ・コールマン・スミスという女流画家が描いています。このタロットが名を馳せることになった一因が、それまで数だけで表現されていた小アルカナ56枚に、そのカードの占い的解釈を表現した絵をつけたことにあります。喜怒哀楽がいきいきと描かれた絵柄は、私たちにより柔軟なイマジネーションを与えてくれます。

　このほかに有名なものでは、エッティラ版タロットや、トート・タロットなどがあります。エッティラ版タロットは、18世紀フランスの占い師ジャン・バプティスト・アリエットが、当時、巷をにぎわせた「タロットエジプト起源説」に基づいて制作したもので、「タロットは単なるゲーム用カードではなく、古代エジプトの叡智が詰まった神秘的な書である」という観点から、独自の秘教的解釈が盛り込まれています。
　トート・タロットは、ウェイト博士と同じく秘密結社「黄金の夜明け団」のメンバーであり、20世紀最高の魔術師と呼ばれるアレイスター・クロウリーが作製したデッキです。彼のインスピレーションを、フリーダ・ハリスという女性が絵に描き起こしました。その独特の色彩とタッチから、現在も多くのファンがおり、特にプロの占い師には、好んで使う人が多いようです。
　どちらのカードも、構図や名称、順番がウェイト版とは大きく異なるため、修得には時間がかかるかもしれませんが、カードを見て惹かれるものを感じたならば、トライしてみるのもいいでしょう。

あなたの「運命のタロット」を探して……
世界のタロットカタログ

今、世界中でたくさんのタロットカードが販売されています。
アーティスティックなものから、制作者のオリジナリティーが光るもの、
くすっと笑ってしまうようなコミカルなものまで……。
あなたの運命を託す、とっておきのタロットを探しましょう!

タロットを購入する際、まずチェックすべきは絵柄。カードの意味と絵柄の関連が薄いものは、実占には不向きです。とはいえ、タロットは多くのアーティストの創作意欲を刺激する魅力的なテーマであり、小さな「絵画」のようなもの。鑑賞用にコレクションするのも楽しいものです。

アート系

SACRED ART TAROT
セイクリッド・アート・タロット　スプレッドシート付き

見目麗し度:★★★
使いやすさ度:★★

中世の名画をモチーフに構成したタロットで、1枚1枚、額縁に収められた絵画を鑑賞しているような気分になります。小アルカナもウェイト版の絵柄がベースになっているため、自然とストーリーが連想されるはず。大アルカナには占星術記号とヘブライ文字が記されており、より深い解読も可能。ケルティッククロスの配置を示した、スプレッドシートが付いています。

U.S.Games社　アメリカ製
天地120×左右70㎜　全78枚

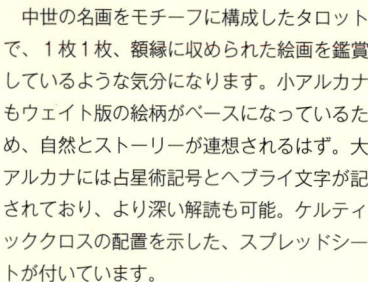

第1章　タロットの基礎知識

DA VINCI TAROT
ダ・ヴィンチタロット

ミステリアス度：★★
美術鑑賞度：★★

　世紀の天才芸術家レオナルド・ダ・ヴィンチの作品にインスピレーションを得て、制作されたデッキ。「モナ・リザ」「最後の晩餐」「受胎告知」など、おなじみの絵画の要素が盛り込まれており、どの絵画のどの部分を切り取ったものか、推理するのも楽しそう。またダークグリーンを基調とした抑えた色調が、かえって占い手の心の動きを浮き彫りにしてくれます。「運命」の暗号をひもときたいあなたに。

Lo Scarabeo 社　イタリア製
天地 120 ×左右 66㎜　全 78 枚

GOLDEN TAROT OF KLIMT
ゴールデンタロット・オブ・クリムト

ゴージャス度：★★★
エロティック度：★

　19 世紀末のウィーンの画家、グスタフ・クリムトの作品をモチーフにして描かれたタロット。1 枚 1 枚に異なる金加工が施されており、日本の琳派(りんぱ)の影響を受けたともされる、クリムトの金箔(きんぱく)を用いた作品群「黄金の時代」を彷彿(ほうふつ)とさせます。官能的かつ退廃的、死とエロスの香りが漂う世界に浸れば、秘めていた思いに火がつくかも……。カードの順番はマルセイユ版に準じています。

Lo Scarabeo 社　イタリア製
天地 120 ×左右 66㎜　全 78 枚

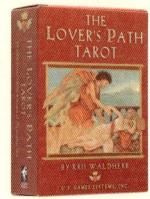

> ファンタジー系

THE LOVER'S PATH TAROT
ラバーズ・パスタロット

ロマンティック度：★★★
恋占い向き度：★★

　ロミオとジュリエット、イシスとオシリス、ダンテとベアトリーチェ……世界の愛の物語や神話をモチーフにした美しいタロット。「THE FOOL」が「INNOCENCE」、「DEATH」が「TRANSFORMATION」など、名称が大幅にアレンジされています。また、小アルカナのソード＝「剣」が、クピドとプシュケの物語を象徴するアロー＝「矢」に。恋占い専用カードとして使うのもおすすめ。

U.S.Games社　アメリカ製
天地122×左右89㎜　全78枚

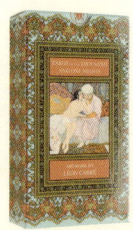

> ファンタジー系

TAROT OF THE THOUSAND AND ONE NIGHTS
千一夜タロット

エキゾチック度：★★★
イマジネーション度：★★

　絢爛豪華なアラベスクが目を引く、アラビアの『千一夜物語』を題材にしたタロット。シェヘラザード、アラジン、シンドバッドにアリババ……すみずみまで描き込まれた異国情緒あふれる絵柄は、眺めているだけでアラビアンナイトの世界にトリップできます。「JUSTICE」が「HARMONY」に、「STRENGTH」が「COURAGE」になど、一部カードの名称がアレンジされています。

Lo Scarabeo社　イタリア製
天地120×左右66㎜　全78枚

> アニマル系

TAROT OF WHITE CATS
ホワイトキャッツ・タロット

猫好き度：★★★
占いやすさ度：★★★

登場する人物がすべて「猫」に置き換えられた、ユニークなデッキです。とはいえ基本的な構図はウェイト版に準じているため、かなり実占向き。ところどころにウェイト版とは異なる「猫ならでは」のアレンジが施されていて、クスリと笑ってしまうことも。「ウェイト版の絵は怖いけれど、意味がわかりやすい定番タロットが欲しい」という人、「とにかく猫が好き！」という人にイチオシです。

Lo Scarabeo 社　イタリア製
天地 120 ×左右 66 ㎜　全 78 枚

> アニマル系

TAROT OF THE ANIMAL LORDS
タロット・オブ・アニマル・ローズ

動物好き度：★★★
ユーモア度：★★

まるでおとぎ話の中に舞い込んだようなこのデッキは、タロットの世界が、喜怒哀楽の表情豊かな動物たちで表されています。「魔術師」はキツネ、「女教皇」がゾウ、「吊るされた男」はコウモリなど、動物とカードの組み合わせから新たなイメージが湧きそう。小アルカナはワンド（火）がサラマンダー、ペンタクル（地）はスカラベ、ソード（風）は蝶、カップ（水）は蟹で表されています。

Lo Scarabeo 社　イタリア製
天地 120 ×左右 66 ㎜　全 78 枚

 実占系

HARMONIOUS TAROT
ハーモニアス・タロット

女性向け度：★★★
インスピレーション度：★

女性らしい繊細な絵柄、クセのない穏やかなトーンの色彩で、タロット好きにも人気の高いデッキ。花や樹木、植物などをふんだんに用いたアールヌーボー調デザインが、優しい印象を与えます。「死神」や「悪魔」なども、おどろおどろしくない表現がなされていて、どんな人にもなじみやすいタロットです。カードの順番はマルセイユ版に準じ「8 正義」「11 力」になっています。

Lo Scarabeo社　イタリア製
天地 120 ×左右 66 ㎜　全 78 枚

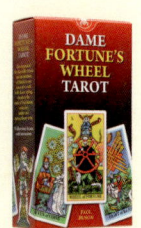

実占系

DAME FORTUNE'S WHEEL TAROT
デイム・フォーチュン・ホイール・タロット

カラフル度：★★★
ポジティブ度：★★

力強い線と、パキッと鮮やかな色彩が印象的なタロット。マルセイユ版をベースにしながらも、小アルカナも絵札になっており、イメージを広げやすい作りになっているほか、「シグニフィケーター」と呼ばれる「質問者を示すカード」が 1 枚プラスされています。「運命の輪」の名を冠している通り、運命に切り込んでいく強さを与えてくれそうな、パワフルなタロットです。

Lo Scarabeo社　イタリア製
天地 120 ×左右 66 ㎜　全 79 枚

【実占系】

ALCHEMIA TAROT
アルケミア・タロット

美男美女度：★★★
占いやすさ度：★★★

森村あこ監修の「新時代のタロット」にふさわしい豪華な78枚フルデッキと解説本のセット。新鋭CGアーティスト貴希(たかき)によるオリジナルのカードは、どれも神々しく、見る者のインスピレーションを刺激します。大小アルカナともにウェイト版に準じ、イメージが広がりやすい絵柄なので、初心者にもおすすめ。本書のカード解説ページでは、このデッキのタロット画を使用しています。

実業之日本社　日本製
天地123×左右75㎜　全78枚+解説書

Column タロットカードとオラクルカードはどう違うの？

「オラクルカード」という占いカードも近年、人気を集めていますが、タロットとは全く別物です。オラクルとは「神託、お告げ」の意味。制作者の独自の世界観が反映されたカードで、天使や妖精、動植物などをモチーフにしていることが多いようです。背中を押し励ましのメッセージが欲しい時、ズバリと答えを出したい時など、カードによって得意分野があるので、用途に応じて使い分けるといいでしょう。

●パワーストーン・オラクルカード

森村あこ監修、美しい石の写真と心に響くメッセージが人気のオラクルカード。

実業之日本社　日本製
天地145×左右81㎜
全60枚+解説書

●『アルケミア・タロット』『パワーストーン・オラクルカード』の問い合わせ先
　実業之日本社【販売部】☎ 03-6809-0495
●その他のタロットカードの問い合わせ先
　ニチユー株式会社　☎ 03-6240-9839／タロットカード通信販売サイト https://pentacle.jp／

自分に合ったタロットを選ぶには？

　12〜17ページで紹介したように、現在、さまざまなタロットが市販されています。ウェイト版やマルセイユ版をベースにしたものだけでなく、作者のオリジナリティーを生かした斬新な構図のもの、かわいらしいキャラクターに置き換えたもの、耽美な世界観のゴシック調イラストのもの、中には風水と融合したものや、占星術など他の占いの要素を加えたものもあります。

　あまりにも種類がありすぎて、初心者の方は、一体どれを買ったらいいのか、わからなくなってしまうかもしれません。でも、難しく考える必要はありません。肝心なのは、「その絵柄から、あなたがどれくらいインスピレーションを引き出せるか」という一点なのです。
　たとえば「正義」のカードを見て、そこにあなたなりの「正義」のイメージを持つことができるかどうか、ということを考えてみてください。イメージが湧かない、ピンとこない……というならば、そのカードはあなたには合っていないのです。

　一般的なタロットの教科書には、よく「初心者はウェイト版から始めるといい」と書かれていたりしますが、絵柄を見ても、あまり感じるものがなかったり、ちょっと怖いと感じてしまう場合は、他の好みの絵柄のタロットデッキを使用して構いません。
　あなたのイマジネーションが刺激され、次々と言葉やイメージが湧き出してくるようなものを選んでください。
　インターネットで、カードの絵柄を見ることができるようにもなっているの

で、事前にリサーチしておくと、失敗が少なくなります。

　いくら絵柄が好きでも、実際に使ってみたところ、あまりイマジネーションが広がらなかった……という場合もあると思いますが、これはもはや「ご縁」。あなたにぴったりのカードとは出合うべくして出合えますので、焦らないで！

　また、実占には使えなかったカードも、鑑賞用やコレクションとして楽しめばいいのです。

　初心者向けに、22枚の大アルカナのみのセットも売られていますが、いずれ熟練してきた時のために、できれば78枚のフルデッキのものを手に入れておきましょう。細かい事柄を占う時などは、小アルカナも含めたほうが、よりバリエーションに富んだ読みができるようになります。

どんな人でも、タロットで占える

　「タロット」というと、黒いベールをまとった占い師が操る、ちょっと怪しげなカード……というイメージを抱いている人もいらっしゃるかもしれません。「魔術チックな儀式が必要？」「タロットを扱うには、霊感など、特別な能力がいるのでは？」という声もよく聞かれます。ですが、そういったことは一切ありません。

　そもそも「タロットで占う」とは、どういうことなのでしょうか？
　質問をイメージしながら、カードをシャッフルし、選んだカードを開く……たったそれだけのことではありますが、その偶然性によって導き出された1枚のカードの絵柄を見た瞬間、カードの意味と質問の内容がリンクし、パッとひらめくような、何かが「つながる」ような感覚が得られます。
　そこから連鎖的にイメージが広がっていき、質問に対する答えにつながる糸を、自らの手で引き寄せる……そんなイメージかもしれません。

　それは、人間なら誰しも生まれつき持っている、プリミティブな感覚に根ざしているものです。ですからもちろん、占い師に限らず、どんな人でも普通に使っている能力でもあります。

　たとえば、熟練した医者が、患者の肌に触れただけで患部の状態がわかるように、警官が道行く人を見て、「この人は怪しい！」と見抜くように……。そういった熟練者の勘ともいうべきものは、占いに限らず、どんなジャンルにも存在します。

　料理人も、野菜の皮むきや下ごしらえなど、一見「つまらない」と思えるような作業を繰り返していくうちに、少しずつ料理における「勘」を体得し、熟練度が上がっていきますよね？　レシピを見ながら作っていたのが、だんだん不要になって、調味料の量や、火を消す「ここだ！」というタイミングが、わかるようになる……。

　そうした当たり前の感覚の延長線上に、タロットの「勘」もあるのです。何も占いだけが特別なものではない、ということです。

　ですからタロットは、「占いなどやったことがない」という人でも、女性も男性も、そして年齢も問わず、どんな人でも扱えますし、使えば使うほど的中率が上がっていきます。誰でも簡単に使えて、自分で自分の悩みに「答え」や「指針」を導き出せるツール、それがタロットなのです。

　タロットにおける「勘」については、なかなか言葉では表現しづらいため、あまり本や文章で目にする機会がありませんでした。タロット講座に通ったり、プロの鑑定を目の当たりにして、会得していくことが多かったのですが、本書では、それをどんな人でもある程度、実践できるように、「占いのコツ」としてわかりやすく解説していきます。

タロットに描かれている「象徴」とは？

　占いを始める前に、まず知らなければならないのは、「タロットに描かれている絵柄は、一体何を表すのか？」ということです。あなたの手もとにあるタロットの、大アルカナのカードを眺めてみてください。

「愚者」「魔術師」「恋人たち」「隠者」など、人の状態を表したカードもあれば、「女帝」「皇帝」「法王」といった、どこかの国の権力者を思わせるようなカードもあります。また「星」「月」「太陽」といった天体の名称もありますし、「力」「正義」「節制」など、概念を表したものもあります。
中には「悪魔」や「死神」といった目に見えない存在も……。

　一見、何の共通点もなさそうに見えますが、実はこれらは22枚で一つの「世界観」を表しています。そしてそれぞれのカードは、その世界を構成している重要な「柱」のようなもの。大切なのは、描かれている絵柄やカードの名称というよりも、それらが示している「概念」なのです。

　概念は抽象的なので、ひと言で言い表すことはできません。一つひとつの概念を「文字」で説明しようとすれば、相当の紙幅を費やすことになるでしょう。

　そこで、それに「絵」という形を与えて表現したものが、「象徴」です。

　よく「白い鳩(はと)は平和の象徴」と言われますが、これは「平和」という形のない概念に「白い鳩」という形を与えることで、争いのない幸福、平穏な日々、人々の助け合い……など、すべての人に、あ

る一定のイメージを想起させるものです。
　ほかにも「赤」はすべての人に、燃えるような情熱や、何かに挑戦するエネルギーをイメージさせますし、「円」は完全性や、終わりのない循環をイメージさせます。「象徴」は、私たちの生活の至るところにあふれているのです。

　タロットカード1枚1枚に描かれているのも、こうした「象徴」です。「正義」というカードには、人間が考える「正義」という概念が、秤(はかり)を手にした天使の絵柄によって表現されています。「魔術師」のカードなら、単純に魔術師(マジシャン)を表しているのではなく、魔術師という存在が表現するもの……たとえば魔術師がまるで手品のように、無から有を生み出すさまや、利発さ、準備万端である様子、大勢の観衆を前に「さあ、やってやろう」と意気込んでいる状態などを表していると言えます。

　特にウェイト版は、絵柄の中に、そのイメージを想起させる象徴が事細かに描かれています。右の「魔術師」のカードの例で言えば、机の上に置かれている4つの道具（杖(つえ)・金貨・剣・聖杯）は、西洋において、万物を構成する四大元素と考えられている「火・地・風・水」を表すものであり、無から有をクリエイトするさまを表しています。
　そのほかにも、掲げられた右手、頭上の無限大のマーク、赤いバラと白いユリ、羽織っている赤いローブ……こうしたものはすべて、西洋占星術やカバラ（ユダヤ教の秘儀）、錬金術などの象徴にまつわる知識に基づいて描かれており、一つひとつに意味があります。

　本書では、タロットに描かれた象徴一つひとつについての、詳細な解説は省いています。それは初心者のうちから、そうしたディテールに翻弄(ほんろう)されると、本当に大事な部分を見失ってしまうことがあるためです。
　まずは核心をつかみ、そこから応用力をつけていく。これが、本当の意味でタロット占いを会得するための第一歩となるでしょう。

カード読み解きの3つのポイント

　次の第2章〜第3章では、各々のカードが表す意味について解説していきますが、読み解きに必要なポイントは、以下の3つです。

① キーワード

〜カードを「1本の木」になぞらえて、イメージを広げていく〜

　タロットは、そのカードが何を象徴しているのか、まずは背後にある概念を知ることが大切です。カードの中には、「戦車（＝前進、突き進む）」のようにわかりやすいものもあれば、「法王」や「節制」のように、私たちにはあまりなじみのないもの、言葉を聞いてもピンとこないものもあります。
　そこでカードの意味をひと言で言い表したのが、「キーワード」です。ただ占う際は質問に応じて、キーワードからどんどん連想をしていくため、1枚のカードからは、多岐にわたるキーワードが引き出されます。
　しかも、タロットカードの枚数は、大アルカナだけでも22枚、トータルで78枚もあります。さらに逆位置を合わせれば、その数は倍の156パターンになります。これまでタロットに挑戦したものの、「キーワードが多すぎて覚えられない……」と、挫折した経験がある人もいるでしょう。

　そもそもタロットは、暗記するものではありません。各カードに与えられたキーワードは、インスピレーションを得るための「フック」にすぎず、そこからイマジネーションを広げて、自由に解釈していくことが大切なのです。
　たとえば、仕事へのアドバイスを占ったところ、「恋人」のカードが出たとします。そこから「仕事をするよりも、恋をしたほうがいい」と読み解くのか、「手をとり合う男女」の図から「誰かと協力することが大事」と読み解くのか……それはあなた次第なのです。

キーワードを暗記するのではなく、想像力を最大限に働かせて解釈していくための、ユニークな方法を紹介しましょう。
　まずは、タロットカード1枚1枚が、1本の「木」であるとイメージしてみてください。それは1本ずつ異なる性質を持っていて、幹の太さ、枝の広げ方、つける葉の色もさまざまです。その個性あふれる木が集まって、一つの「森」を形成しています。これがタロットという一つの「世界」です。
　タロットという名の森にあなたがいて、旅の途中で数々のメッセージを秘めた「木」と出合い、それを道しるべにしていく……そんなイメージで「タロット占い」を考えてみるといいでしょう。

　では、その「木」はそれぞれ、どんな性質・意味を持っているのか……？　核心となるのが、「幹」となるメインのキーワードです。その木を木たらしめている、もっとも根源的な性質で、カードで言えば、もっとも重要な「核となる意味」。たとえば、「0・愚者」のカードの場合は、「始まり・自由・未知数」です（P38参照）。まずはここをスタート地点にして、イメージを広げていくようにしてください。

そこから派生させたのが、「枝」です。カードの「幹（＝メインのキーワード）」を、自分の状況や質問した内容に応用した場合、どのような言葉が引き出せるのか……？ それを説明してくれるのが、「枝」となるキーワードです。

本書の第2章〜第3章では、一般的にもっとも占う頻度が高いと思われる、「状況・運気」「心理的状態」「アドバイス」という3つの項目に分け、正位置と逆位置それぞれで紹介しています。

●「状況・運気」…… 幹のキーワードを運気として読んだ場合、その人が置かれている状況や、周りの環境はどうなっているのか、を示しています。

●「心理的状態」…… 幹のキーワードを心理的状態として読んだ場合、その人自身、あるいはテーマにまつわる人物の、心の中を表します。これは、自分自身が把握している「表層意識（顕在意識）」として出ることもあれば、その人自身も気づいていない「潜在意識」として出る場合もあります。

●「アドバイス」…… 幹のキーワードをアドバイスとして読んだ場合、状況をより良い方向へ導くために、何を心がければいいのか、どんな行動をとればいいのか、ということを示しています。

最後に、「枝」から派生した「葉」のキーワードとして、恋や仕事、対人関係やお金など、より具体的なシチュエーションに当てはめると、どういった解釈ができるのかの例を紹介しています。

「幹」と「枝」で得たキーワードを、自分の状況・質問内容に照らし合わせた時に、どのような解釈ができるのか……？ 具体的なイメージの広げ方の一例として、ぜひ参考にしてみてください。

　木の「幹」から「枝」、そして「葉」……このようなプロセスを経ることで、タロットは単なる暗記ものではなく、自らの想像力を最大限に高め、インスピレーションを広げるためのツールなのだ、ということが実感できるでしょう。

　言うまでもなく、一番大事なのは「幹」ですが、幹のキーワードは「象徴」ですから、やや抽象的です。そのため、「質問した内容と合致しない」「曖昧でよくわからない」と感じることもあるかもしれません。ですが、そこから「枝」、そして「葉」へと、派生させて考えてみてください。
　たとえば「0・愚者」であれば、「この質問における"始まり"は、何のことを指しているんだろう？」というふうに……。すると、きっとあなたの心の中で、「もしかすると、このことを言っているのかも」と、おのずと符合する答えが出てくるはずです。

　また、このような手順を踏むことによって、自分に都合のいい解釈をするのを避けることもできます。「タロットは自由に解釈していい」とは言っても、悩んでいる時は、希望的観測を含んだ甘い解釈をしてしまうこともあれば、逆に自己卑下をして、悲観的になりすぎた解釈をしてしまう場合もあります。
　そうして「何でもあり」になってしまうと、タロットで占う意味がなくなってしまいます。

　人間が置かれている状況は、千差万別。ですから、すべての人に当てはまるようなパターンを記すことは不可能です。そのことが、「占ったけど、いま一つピンとこない」「自分に当てはまる答えがない」と、タロットを投げ出してしまう原因になっていることも多いでしょう。
　ですが、それではもったいないほど、タロットは奥が深く、素晴らしいインスピレーションの宝庫。もっと自由に、そして有意義にタロットを活用してほしいと思っています。
　あなたのことを誰よりもよく知っているのは、あなた自身。その点においては、どんな熟練した占い師もかないません。ですから、本書で紹介したキーワードは、大きく解釈を外さないための「道しるべ」として使って、あとは想像力を存分に働かせ、自由に解釈していってください。

② ストーリー

～カードの"物語"として、意味を把握する～

　タロットカードは、1枚1枚が独立して存在しているのではなく、相互に補完し合い、全体で一つの「世界」を構成しています。順を追って解説を読めばわかる通り、大アルカナと小アルカナ、それぞれを「物語」として読むことができます。細かい意味を覚える前に、そのストーリーを理解しておくことで、「このカードは、このシーンだったな」と、パッと意味が把握できるようになるでしょう。

　ですから、一見、似た印象を覚えるカードも、それぞれの意味には違いがあります。「死神」と「悪魔」、また「正義」と「節制」はどう違うのか……その差異は、ただキーワードを眺めているだけでは、なかなか見えてきません。

　そこで、各カードの持つ「ストーリー」を、順を追って読んでみてください。物語で登場するシーンが違えば、付与されているイメージも異なる、ということがわかるでしょう。大アルカナの最後のカードである「世界」まで到達したら、「愚者」に戻って読んでみてください。また違った印象を覚えるに違いありません。

　小アルカナも物語として読むことができますから、一度カードをスートごとに順に並べて、各スートの物語を追いかけてみるといいでしょう。そうすることで、カードを引いた時に、そのカードがどのシーンだったのかが、パッと思い出せるようになります。

　さらに解釈を深めたい時には、同じ数ごとにカードを並べてみましょう。たとえば「2」のカードには、シチュエーションは異なれど、どれも「選択」や「バランス」の意味が込められていることがわかるはずです。また、「ペンタクルは余裕があるのに対して、ソードのほうは緊迫感があるな……」など、微妙な違いや共通点を発見できるかもしれません。そうして得た情報はきっと、あなたに新たなインスピレーションを授けてくれるでしょう。

　こうしてカード同士の縦・横のつながりを見ていくことで、カード1枚1枚の意味が、より深みを増してゆくでしょう。

③ 自分自身のイメージ

～カードと自分の経験を、結びつけていく～

　タロットカードを手にしたら、「すぐに占ってみたい！」というのが、多くの方の自然な感情だと思います。もちろんそれもいいですが、タロットをより深く勉強したいという人は、まずはカード1枚1枚を手にとって、じっくり眺めてみてください。できたらこれは、解説書を読む前に行うとベストです。そのほうが先入観なく、自由に自分のイメージを広げられるからです。

　そのカードには何が描かれていますか？
　パッと見た瞬間、何を感じましたか？
　それを言葉で表すと、どうなりますか？
　人物はどんな表情でしょうか？
　カード全体の色調はどうですか？
　背景のディテールは、どうなっていますか？

　こんなふうに、カードをはじめて見た時の感想を、自分なりの言葉で表現してみましょう。心の中で思うだけでもいいですが、できたらノートを1冊用意して、思ったことを書き留めていくと、よりいいと思います。

　そうしてカードを十分に味わったなら、解説書を開いてみてください。そこには、どんな言葉が記されていたでしょうか？　あなたの感想と合致している部分、または違っている部分はどこでしたか？　解説書と違っていたから、あなたのイメージは間違い……ということは決してありません。
　複数の解説書を見比べてみるとよくわかりますが、タロットの絵柄から導き出されるイメージは、本当に千差万別。まさに「人の数だけ、解釈が存在する」と言っていいでしょう。
　ですから、あなたが感じたことも正しく、意味があります。タロットの絵柄から導き出した、自分なりの言葉。それはもっとも尊重すべき「キーワード」と言えるでしょう。

 *Lesson*

 ウェイト版の「ペンタクルの2」のカードを見てください。
あなたはどんなイメージを抱くでしょうか？

「何だか楽しそう。余裕がある感じ」
「あれ、後ろには船がある。しかも荒波……」
「大変なことがあるのに、
まだ気づいていない、のんきな感じ」

　こんなふうに思ったことを自由に、あなたの「タロットノート」に書き記しましょう。

●タロットは直感力アップのトレーニングにも！

　タロットは誰でも使えるとはいえ、人間にはある程度の「適性」が存在します。特にタロットに向いている人というのは、どんなタイプなのでしょうか。

- □ 普段から、妄想やイメージの世界で遊ぶのが好き
- □ 絵を描くのが好き
- □ データ処理よりも、アイデアを考えるのが好き
- □ 何らかの創作活動に携わっている
- □ 虫の知らせなど、勘が働くほうだ

　つまり、論理的思考を司る「左脳」派というよりは、直感・感覚的な「右脳」派のほうが、タロット向きと言えるでしょう。このタイプの人は、タロット占いによって、直感力以外にも、潜在能力がぐんぐん開花していくはずです。
「自分は左脳派だ」という人でも、右脳的能力を鍛え、活性化させるために、タロットはとても優れたツールです。占うほどに感覚が磨かれていくため、占いをする時だけでなく、日常で何かを選択する時、アイデアを考える時など、さまざまなシーンで役立ってくれるでしょう。そうした自己啓発的なトレーニングのツールとしても、タロットは活用することができるのです。

「逆位置」の解釈について

　タロットカードには、「正位置」と、「逆位置」が存在します。正位置と逆位置では意味が変わるため、カードの意味は78枚×2で、156パターンに及ぶことになります。

正位置　　　逆位置

　特に初心者のうちは、この逆位置まで含めて意味を覚えようとすると、数が多すぎて大変なだけでなく、カードが逆位置で出た瞬間にがっかりして、ネガティブな読みをしてしまいがちに……。

正位置

逆位置

　ですが、逆位置は必ずしも「悪い意味になる」というわけではありません。
　逆位置とは、「正位置で出た場合のカードの意味が、ストレートには表れない」、つまり何らかの「ひねり」が加えられている……ということなのです。それには以下のような、いくつかのパターンが存在します。

- Ⓐ 正位置の意味を、別の角度から見ている
- Ⓑ 正位置の意味が実現するのに、やや時間を要する。遅延する
- Ⓒ 正位置の意味を、誤った方向に使っている
- Ⓓ 正位置の意味ほどの勢いがない
- Ⓔ 正位置の意味が、過剰になりすぎている
- Ⓕ 正位置の意味が逆転している
- Ⓖ 正位置の意味が潜在的なもので、まだ表に現れていない
- Ⓗ 正位置の意味から、一歩抜け出した状態

　本書の第2章～第3章では、逆位置で出た場合の、主だった意味を記してありますが、上記のパターンを知れば、自在に応用ができるようになるでしょう。

「愚者」（正位置の意味：始まり）のカードの逆位置の意味を、自由にイメージしてみましょう

　本書の第2章39ページでは、愚者の逆位置を「始まりのパワーはやや弱い」と解説しています。
　これは、「Ⓓ 正位置の意味ほどの勢いがない」に該当しますが、「Ⓔ 正位置の意味が、過剰になりすぎている」に応用すると、「始まりに向けて空回りしている、勇み足状態」というふうにも読めます。
　また「Ⓑ 正位置の意味が実現するのに、やや時間を要する」に応用すると、「始まりの時は近いが、まだその準備ができていない」と読めます。

　このように逆位置では、単純に正位置だけで読む時よりも、さらに一歩進んだ深い解釈が必要になります。そのためにも、基本的な正位置の意味が理解できていないと、誤った解釈をしてしまうでしょう。
　これが、「逆位置の解釈は上級者向け」と言われるゆえんなのです。
　ですから、タロットを始めたばかりの時は、逆位置をとらずに、すべて正位置として解釈して構いません。慣れてきたら、逆位置の解釈にもトライしてみてください。きっと正位置だけで見た時よりも、深く心に迫る答えが得られることでしょう。

「逆位置」の解釈3つのコツ

　逆位置の解釈は、タロット占いを始めたばかりの人がつまずきやすい最大の難関です。ここでは、逆位置を解釈するうえでのコツを紹介します。
　いずれにしても、基本は正位置の意味。それをしっかりマスターしておけば、逆位置が出たとしても、自然と応用して読めるようになるでしょう。

★カードを逆さまにしたまま眺めてみる

　実際に占っていると、「逆位置になると、とたんに意味がわかりづらくなってしまうカード」に出合うことがあると思います。そんな時のイメージの広げ方のコツとしては、カードを逆さまにしたまま眺めてみることです。
　逆さにすることで、パッと目に入ってくるポイントが変わるはずです。メインの人物よりも、背景の細かい部分に目がいくかもしれません。そこから意味を広げてみましょう。また同じモチーフでも、逆さにすることで、別の意味に見えてくる場合もあります。
　たとえば、「カップのエース」のカードを見てください。
　正位置では、天からの恵みである愛のしずくを、カップが受け止めている構図になっています。これが逆位置になると、カップの水はこぼれてしまいます。そこから、「思いを受け止めてもらえない」とイメージすることもできるでしょう。あるいは、逆向きになった手のひらが、まるでカップにフタをしているようにも見えることから、「愛を拒絶している（されている）」と、イメージできるかもしれません。
　実際にカードを手にとり、その時の質問に、もっともしっくりくる解釈を見つけ出してください。

★正位置の意味から「テーマ」を引き出す

逆位置のカードが出た時に、いきなり解説書の「逆位置のキーワード」を調べても、「ピンとこない」「当てはまるものがない」と感じることが多いのではないでしょうか。逆位置とはいえ、あくまでも正位置の意味が基本なので、「なぜ正位置ではなく、逆で出たのか」「何が逆になっているのか」をつかむためには、正位置の意味から理解していくことが大切です。

逆位置のカードが出たら、まずはそのカードから、「その問題に関与しているテーマは何か？」を引き出してみましょう。たとえば「魔術師」のカードが出たならば、「正位置：コミュニケーションがとれている」と読むのではなく、単純に「この質問には、コミュニケーションの問題が関与している」と読むのです。そこから、逆位置の意味を派生させてみましょう。

コミュニケーションをとろうとする意思がないのか、コミュニケーションに行き違いが生じているのか、「コミュニケーションをとらなければ！」という気負いがあるのか……？　解説書の「逆位置のキーワード」は、イメージのバリエーションを広げるために参照する、というくらいの扱いで構いません。

★逆位置として解釈した後、正位置の意味に戻ってみる

逆位置として解釈した後、もう一度、正位置の意味に戻って考えてみるのも、いいヒントになります。最初とは違うキーワードに目が留まったなら、その要素を加えて、新たにイメージを広げてみましょう。

正位置と逆位置、それぞれのキーワードを交互に参照しながら見ていくことによって、おのずと逆位置で出たカードが意味するもの……つまり「問題の核心」が、浮き彫りになってくるでしょう。

タロットはすべてが「考えるプロセス」になっています。単純な「吉凶」や「最終結果」だけが、大事なわけではありません。目の前の現実をどう受け止め、改善していくべきか……。こうした作業をていねいに行っていくことで、自分自身の心としっかり向き合い、答えを出す力がついてくるでしょう。

タロットとシンクロニシティー
～偶然に引いたカードには意味がある～

　偶然に引いたカードが、不思議と今の自分とリンクする……果たしてそんなことがありうるのか、と思う方もいるでしょう。これについては、心理学者ユングが「シンクロニシティー（共時性）」という言葉で解説しています。
　たとえば、昔好きだった人のことを考えていたら、ちょうど当時、二人で聴いていた音楽が聞こえてきたり。まったく無関係であるはずの、「心の中」と「外界の出来事」がリンクしたような体験を、あなたもしたことがあるかもしれません。これをユングは「意味ある偶然の一致」と言っています。

　「タロットカードを引く」という行為にも、こうした意味ある偶然の一致が働いています。そもそもタロットは、全78枚で、一つの「世界観」を表しています。世界を78の局面に分けたものであり、人間が人生において体験するあらゆることが、タロットの中に表現されている、とも言えるかもしれません。
　人生には浮き沈みがあり、落ち込むこともあれば、喜びにあふれることもある、人と競う時もあれば、深く愛し合う時もある……そうしたさまざまなワンシーンをシンボリックに切り取り、「絵」として表したのが、タロットカードなのです。
　だからこそ、そこには今のあなたも、過去のあなたも、そして未来のあなたも、すべて描かれています。その中から1枚のカードを引く時、不思議とその時の自分の状態や内面とリンクしたカード、その時の自分に必要なカードを引き当てるのです。

　同じカードが何回も出るなど、もはや偶然とは思えない、何かの力が働いているとしか思えないような出来事が、起こることもあります。こうしたことは、タロット占いを実践していくうちに、あなたもたくさん体験していくことになるでしょう。

第2章

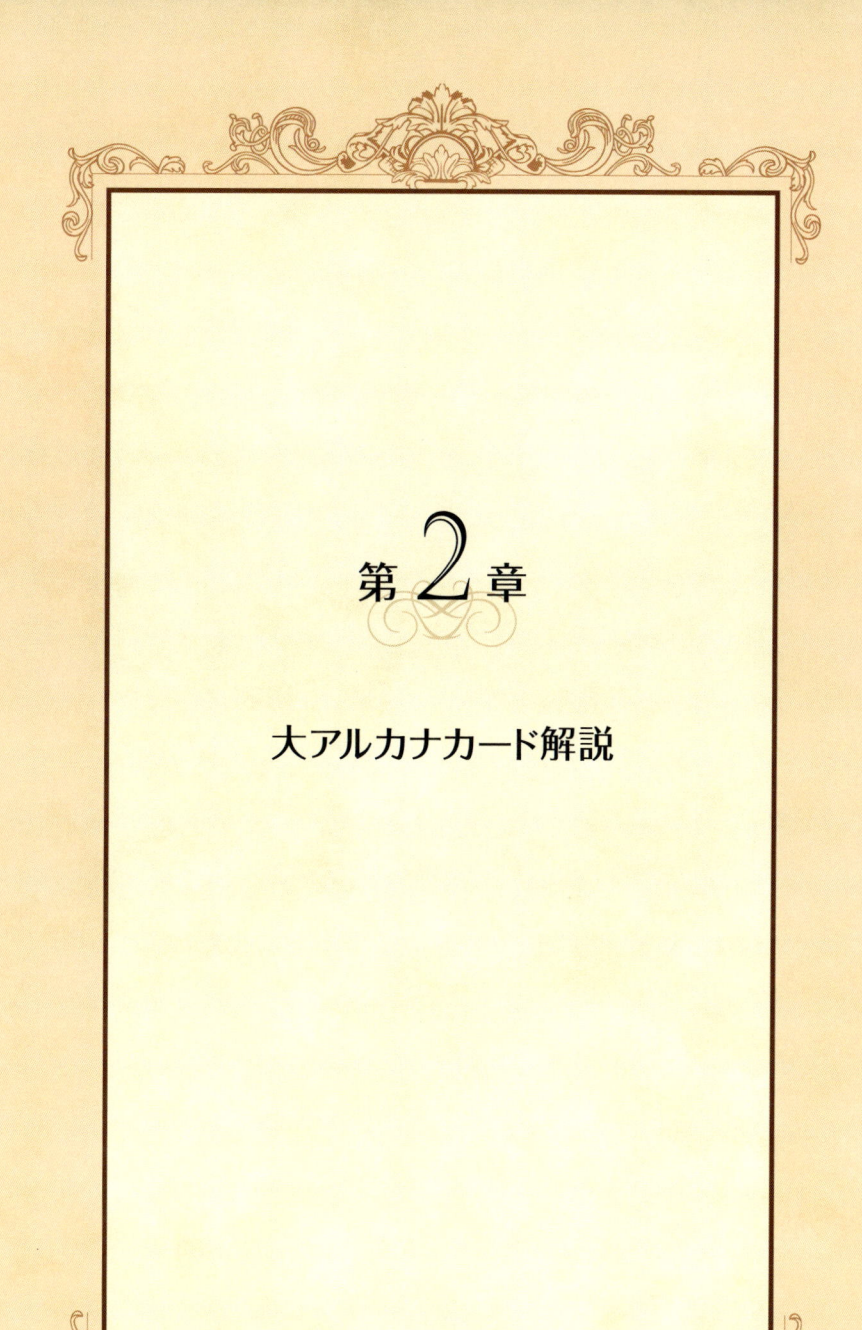

大アルカナカード解説

Major Arcana

大アルカナとは……？

　全部で78枚のタロットカードの中で、特によく使われるのが、大アルカナと呼ばれる22枚のカードです。英語ではMajor Arcana（メジャーアルカナ）と言います。0「愚者」から21「世界」まで、それぞれに番号がふられています。
　大アルカナに登場する図像には、人類が共通してもつ元型的イメージの象徴や、人の一生の中で遭遇する、精神的かつ物理的な寓意が、ふんだんに盛り込まれています。

　0の番号をふられた「愚者」を「始まり」とするならば、一つの完成と完全なる調和を表す21の「世界」は、「終わり」であると言えるでしょう。
　完成をみたものは、また始まりへといざなわれるように、やむことのない生命の環を、魂の旅を、大アルカナは内包しているかのようです。

　人生を一つの「物語」にたとえるならば、タロットの大アルカナ22枚は、大きな「章立て」のような存在です。そして後に第3章で紹介する、小アルカナ56枚は、その中にある小さな「トピックス」を表していると言えるでしょう。

　そのため、人生における重要な事柄は、大アルカナで占うのが適しています。
　結婚や転職、独立といった転機、告白するか否か、引っ越すか否か……。また大きな運気の流れや、重大な決断にまつわるアドバイスなども、大アルカナを使って占います。（詳しくはP 156～157を参照）

　また、各カードには番号がふられていますが、数には「数霊」があり、これも重要な意味を持っています。カードの意味を理解するうえでも助けになりますから、ここで0から9までの数の意味を、解説しておきましょう。2桁の数は、これらの数の組み合わせで成り立っていると考えます。

＜数が表す意味＞

0 …… 無を表す数。始まりであると同時に、終わりも意味する。
1 …… 宇宙創造の数。無から有を生み出すこと、物事を始める力を持つ。男性原理。活動性。
2 …… 細胞が分裂するように、1が二極化した数。お互いに欠けているものを補いつつ、バランスをとる。時にジレンマや二面性を表すことも。女性原理。内向的。
3 …… 「三位一体」という言葉があるように、もっともバランスがとれた数。対立する2つの原理に調和をもたらし、統合する。三角形が示すように、上昇のパワーを持つ。クリエイティブ。
4 …… 椅子やテーブルの脚が4本であるように、安定性が高く、定着・固定の力がある。東西南北や四季など、物事に秩序をもたらす数でもある。
5 …… 五体、五感などと表現されるように、肉体の感覚や機能を統合した全体性を表す数。ピラミッドやペンタグラム（五芒星）は、永遠や神秘性を象徴する。
6 …… 創造性を意味する3が、2つ組み合わさった数。2つの三角形で構成された神秘図形・六芒星（ダビデの星）は、上に向かう三角形が陽、下に向かう三角形が陰を表しており、和合や調和を意味する。
7 …… 創造原理の3と、物質原理の4が組み合わさった数。1週間が7日であるように、一つの周期が完了することを示す。
8 …… 物質世界を表す4が重なった数。8の字を横に書くと「∞」（無限大）となることから、物質と反物質（精神）の世界の統合、それらを超越した状態を示す。
9 …… 1桁の数の最後であり、物事の完了・完結を意味する数。桁が変わることは、次のステージへの移行を示すため、すべてを受容し、達観した状態を表す。

0・愚者
THE FOOL

KEY WORDS　始まり・自由・未知数

ウェイト版　　マルセイユ版

Story　このカードのストーリー

しがらみから解放され、自分の道を歩き始める

　描かれているのは、新天地を求めて歩き出そうとする青年。このカードが示すのは「始まり」です。ウェイト版をはじめ、多くのカードでは、愚者の歩む先が崖として描かれていますが、これは決して、先行きが危険という意味ではありません。その道の先が一体どこにつながっているのか、今はまだわからないことを示しているのです。実際このカードは、トランプのジョーカーの原型とも言われています。ポーカーではオールマイティーの最強カードとなり、ババ抜きではハズレにもなる……そんな「イチかバチか、どうなるかわからない」状態とも言えるでしょう。まさに旅のスタートラインについたところです。

　そんな彼がなぜ「愚者」なのでしょうか。それは彼が、まだ何も成しえていない"ひよっこ"であり、世間のレールから外れて自分の道を歩むことは、「常識外れの愚か者」と周囲には見えるから……かもしれません。ですが、本人はそれを気にしていません。むしろ、そうしたしがらみから解放されたい、自由になりたい、という気持ちに焦点が当たっています。

理解を深めるワンポイント・アドバイス

このカードにつけられたナンバーは「0」。「始まり」であると同時に、すべてが帰結する「終わり」でもある、そんな「空」の状態です。とはいえ「無」ではありません。古くから円（＝0）は「可能性」の象徴ですが、このカードもまた、今はまだ何も形になっていないものの、これから何でも生み出すことができる可能性の源泉と言えるのです。

Card Reading　このカードが出たら…

正位置
状況・運気／何か新しいことが始まろうとしている
心理的状態／自由を求める気持ち、解放感にあふれる
アドバイス／古い考えや過去に縛られないで！

人生のターニングポイントです。何か劇的な出来事が起きるというより、内面で何かがじわじわ変化している……といった様相です。現状に違和感を抱いていたり、もっと広い世界に飛び出したい、という衝動が目覚めつつあることも。それを具体的な行動に起こすだけのパワーはまだありませんが、少しずつ何かが変わりつつあるでしょう。

逆位置
状況・運気／収拾がつかない、状況が混乱している
心理的状態／問題と向き合うのを避けている、自信がない
アドバイス／現実逃避をするのはやめて！

逆位置では、不安定な状況や心もとなさが強まります。目の前の課題に向き合うのを避けている、決断できない、責任逃れ、自堕落な状況などを表し、変わりたい気持ちはあっても、変える勇気を持てないでいるのかも。そのため愚者が持つ「始まり」のパワーはやや弱いでしょう。向こう見ずな挑戦や、高すぎる目標を表すことも。

	恋愛	仕事	対人関係
正	新しい恋の始まり、恋に期待感を抱いている、新しいタイプの人との恋	新しいアイデアや方法、安全策よりも冒険を、未経験のことに着手する	縛られない自由な関係、つき合う友人のタイプが変わる、単独行動
逆	恋をする自信がない、チャンスを前に尻込みする、妄想の恋にふける	事なかれ主義、ダラダラしている、無謀な挑戦、能力のなさを認める	自信のない態度、問題にかかわりたくない、気まぐれで振り回す、優柔不断

	結婚	独立・転職	お金・その他
正	まだ具体的な形になっていない、自由でいたい心境、結婚によって自由になる	新しいことにトライしたい、すべてをゼロにして再出発、転機、転職	お金にこだわらない、損得抜き、漠然とした収入源、手ぶら、旅に出る
逆	覚悟が決まっていない、漠然とした結婚イメージ、条件が整わない	ふんぎりがつかない、それほど本気ではない、うやむやで終わる	無謀な賭け、信用できない人に裏切られる、無計画、無頓着

I

1・魔術師
THE MAGICIAN

KEY WORDS 　創造する・行動を起こす

ウェイト版　　マルセイユ版

Story　このカードのストーリー

何か素晴らしいものを作り出してみせる

　ウェイト版では、机の上に万物を構成する「火・地・風・水」という、四大元素を象徴するアイテムの、ワンド（こん棒）、ペンタクル（コイン）、ソード（剣）、カップ（杯）が描かれています。これらの道具をひと通りそろえた魔術師は、これから何をなそうというのでしょう。四大元素を司るそれぞれの道具を使って、「今ここにはないもの」をもたらそうとしているのかもしれません。それゆえ、このカードは「クリエイティビティー」の象徴なのです。

　また、何かを創造するには、心で思っているだけではなく、実際に行動を起こす必要があります。それがもう一つの「行動を起こす」というキーワード。

　愚者の段階では、何の目的も決まっていない、まっさらな「始まり」でした。未来が一体どうなるのかわからない、未知の状態です。これに対して魔術師は、完璧（かんぺき）に道具を携えて、確信的に事を始めようとしています。

　無から有を生み出すような、創造的な行為の営みこそ、奇跡を呼び寄せる力となることを、彼は知っているのでしょう。

理解を深めるワンポイント・アドバイス

魔術師に割りふられたナンバーは「1」。愚者の「0」とは、数としては微々たる差のようですが、「無（0）」か「有（1）」か、というのは大きな違いがあります。ゼロ地点（スタートライン）にいる愚者と、一歩踏み出した魔術師。その違いは、両者の経験の有無の差と考えるといいでしょう。

Card Reading　このカードが出たら…

正位置
状況・運気／何かを創造する、新たな行動を起こす時
心理的状態／やる気にあふれる、意気揚々、確信的
アドバイス／勇気を出して、行動に移して！

何かに挑戦する意欲に満ちている時です。準備は万端で、自らの集中力も高まり、素晴らしいものを創造するための、コンディションが整っています。あらゆる試みが、見事に成功するでしょう。周囲の人はそれを「奇跡だ」と言うかもしれませんが、あなたはそれが、自分自身の努力のたまものであることを知っています。

逆位置
状況・運気／予測に反する結果、ハプニング
心理的状態／落胆、焦り、いらつく、肩すかし
アドバイス／失敗を通じて、計画のミスに気づいて！

逆位置で出た時は、「こうなるだろう」という予測が、突然のハプニングによって外れたり、準備不足であることを表します。また、タイミングを逸したことにより、予測した通りに物事が進まなかったり、「こんなはずでは……」という気持ちになって、創造の意欲が薄れてしまうこともあるかもしれません。

恋愛
- 正：時が来た、告白する準備が整う、行動を起こす、十分にアピールできる
- 逆：期待外れ、見かけ倒し、消極的な態度、チャンスを逃す

仕事
- 正：新しいアイデア、準備は万端、完璧なプレゼン、成功を勝ち取る
- 逆：資料にミスが見つかる、手順を間違える、失敗、思った結果が出ない

対人関係
- 正：自分から話しかける、新たに創造的な関係を築く、相手を魅了する
- 逆：思い通りにならない相手にいら立つ、人のミスを自分のせいにされる

結婚
- 正：万事順調、準備完了、手料理を振る舞う、子供をもうける
- 逆：周囲の妨害、まだ時機ではない、予想外の出来事で棚上げになる

独立・転職
- 正：行動に出るべき時、特技や才能を生かす、よりクリエイティブな仕事に携わる
- 逆：予想とは違う会社、再就職がうまくいかない、タイミングが合わない

お金・その他
- 正：お金を生み出すアイデア、作品に値がつく、副収入の道が開ける
- 逆：予想外の出費、散財する、計画性がない、未熟、不安定な収入、見込み薄

Ⅱ

2・女教皇
THE HIGH PRIESTESS

KEY WORDS 　真理・気づき・知性

ウェイト版　　マルセイユ版

🖋 Story　このカードのストーリー

宇宙の法則に基づいた、正しい導きのもとにある

　巻物を携え、静かに鎮座する女教皇。本来、歴史的にキリスト教の教皇（法王）は男性のみとされていますが、彼女は特定の教義の範疇（はんちゅう）を超えた、この世の神秘性を司る、ある意味で至高の存在と言えます。

　ウェイト版では、彼女は「TORA」（律法）という文字が書かれた書物を手にしています。背景の黒と白の2本の柱は、この世の二元性を象徴しています。陰と陽、善と悪、感情と理性、物質と精神など、相反する2つの要素の均衡をとることの大切さを暗示しているようです。

　このカードが出た時は、正しい直観に導かれています。虫の知らせや予感、インスピレーション、啓示や悟りなど、さまざまな形でそのサインはやってくるでしょう。また知性を得ることや、哲学的な思索にふけることも、そこに至るための道筋を、自ら見つけ出そうとする行動の一つ。具体的アクションを起こす魔術師を「動」とするなら、女教皇は「静」の側面を表すカード。この世は、物質など目に見えるものだけがすべてではない、と教えているのです。

理解を深めるワンポイント・アドバイス

女教皇は「2」という番号を割りふられています。これは「1」が細胞分裂するように二極化した状態。アダムの肋骨から作られた、イブのイメージを想起する人もいるでしょう。それゆえ奇数は「男性的、積極的、動、行動、顕在意識、攻め」、偶数は「女性的、受容的、静、思考、潜在意識、守り」を意味します。

Card Reading　このカードが出たら…

正位置
状況・運気／正しい導き、理性的な態度、良い兆し
心理的状態／冷静で客観的、大切なことに気づきかけている
アドバイス／そのまま、直観に従って道を進んで！

心の中で「本当はこうなのではないか」とうすうす感じていることが答えです。その直観や予感にあらがわないでください。悩みの渦中にあったとしても、心を冷静に保ち、客観的な視点から見つめ直したり、本質的なことを考え抜けば、大切なことに気づくことができます。今は積極的に動くよりも、腰を落ち着けて、深く考えることが大切です。

逆位置
状況・運気／間違った道に進む、他者への攻撃や拒絶
心理的状態／本質を見誤る、先入観にとらわれる
アドバイス／思い込みにとらわれず、真実の目で見て！

表面的なことにとらわれて、本当に大事なことを見失っている時です。自分の考え方に固執し、無意識のうちにそれを他人に押しつけたり、それに沿わない人を批判したりもするでしょう。物事を深く考えすぎるあまり、自分の殻に閉じこもって、他者を拒絶するような態度になることも……。情緒不安定で神経質になりやすい傾向もあります。

恋愛
正：受け身な姿勢、異性に慕われる、知的な関係性、外見より中身の魅力
逆：プライドが邪魔する、素直になれず憎まれ口をたたく、思い込みで失敗

仕事
正：知恵を生かす、アイデアが湧く、迷ったらピンときたほうを選んで正解
逆：思い込みで状況を見誤る、妥協したことにより失敗する、深い後悔

対人関係
正：悩みの相談に乗る、静観し状況を見守る、一人の時間を大事にする
逆：相手を厳しく批判する、自分の意見を押しつける、人からうとんじられる

結婚
正：魂レベルでの結びつき、結婚に結びつく真剣な交際、尊敬が愛情へと変わる
逆：先入観で失敗する、殺伐とした家庭、相手の言動をいちいち批判する

独立・転職
正：良いご縁、人を教え導くことに適性が、カウンセラー、教育者
逆：今はまだその時ではない、能力を発揮できていない、不本意

お金・その他
正：正しい労働への対価、スピリチュアルなことに関心を抱く、清廉潔白
逆：いきすぎた節約、何かへの過剰な傾倒、ヒステリックな態度、厭世的

Ⅲ
3・女帝
THE EMPRESS

KEY WORDS 豊かさ・母性・女性性

ウェイト版 　　マルセイユ版

Story　このカードのストーリー

惜しみなく与える愛

　豊かな実りや、母なるものを象意とする「女帝」。ウェイト版では、女性性を象徴する果実のザクロが描かれたローブを身にまとい、穏やかな微笑みを浮かべています。足元に置かれたハートの盾には、女神ヴィーナスが司る愛と美の星、金星のマークが描かれていることからも、このカードが女性的な優しさ、魅力を表していることがうかがえます。

　女帝の源にあるのは、大いなる愛。大地があらゆる生命を育むように、女帝の愛も尽きることなく、あふれ出しているのです。弱きものを助け、幼きものを育て、世話をする……。惜しみなく与える愛、優しく受容する愛は、大地母神の象意とも言えるでしょう。また女帝は母性を司ることから、大自然の恵みとも関連し、実りの秋の到来、食糧やお金など物質的な豊かさも表しています。

　いずれにせよ、このカードが出た時は、物心両面において深く満たされている状態でしょう。「すべての豊かさの根本は愛である」ということを教えるアルカナです。

理解を深めるワンポイント・アドバイス

女帝のナンバーは「3」。二極化した状態を統合し、調和させることによって、新しいものを生み出す創造数です。「一は二を生じ、二は三を生じ、三は万物を生ず」という老子の言葉も残っています。それゆえ、男性と女性が交わり新たな生命を誕生させること、協力態勢を築くこと、新しい何かを創造することも暗示しています。

Card Reading　このカードが出たら…

正位置

状況・運気／豊穣(ほうじょう)の時を迎える、生産する
心理的状態／愛にあふれる、優しさ、豊かな心
アドバイス／育んできた恵みを、しっかり受け取って！

あなたが長い間育んできたことや、過去の努力が実り、その成果を受け取れる収穫の時です。素晴らしい報酬（物心両面における豊かさ）を得ることができるでしょう。また、心は深い愛と優しさに満ちあふれている状態で、多くの人があなたを慕ってやってくるでしょう。そうした周囲の人たちと、心あたたまる関係を築ける時です。

逆位置

状況・運気／枯渇する、不満足・不安定な状態
心理的状態／欠乏感、過剰な愛、依存
アドバイス／自らの愛をコントロールして！

逆位置では「満たされない」思いや不満足感に焦点が当たります。生活に対する不安や愛情の欠如など、期待していたものが得られないことへの落胆……そのために不安定な状態になっているようです。また過干渉、散財や暴飲暴食など「過剰である」ことが、マイナスの影響をもたらす場合も暗示します。

恋愛
- 正：相思相愛、熱愛する（される）、深く愛する、将来性のあるつき合い
- 逆：愛されないことへの不満や不安、一時の誘惑に流される、依存的な愛情関係

仕事
- 正：過去の努力が実る、芸術的スキルの向上、事業が発展する、成功
- 逆：思った成果が得られない、手柄を独り占めする、利益より損失が多い

対人関係
- 正：気心の知れた関係、喜びや楽しみにあふれる、お互いに助け合う
- 逆：依存的、溺愛しすぎる、異常な執着心、取り残されて寂しさを感じる

結婚
- 正：結婚・妊娠・出産などにまつわる喜び事、円満な家庭、愛の営み
- 逆：満足のいかない結婚生活、愛のない関係、誤解やすれ違い

独立・転職
- 正：十分な資本、力を貸してくれる援助者、独立・起業での発展
- 逆：先行き不安、経営状態の悪化、右肩下がり、今の職場では発展がない

お金・その他
- 正：収入が増える、穏やかでリッチな生活、生活の質が上がる、丸く収まる
- 逆：収入に見合わない支出、グルメやファッションに浪費、生活の乱れ

IV

4・皇帝
THE EMPEROR

KEY WORDS　支配・父性・自信

ウェイト版　マルセイユ版

✒ Story　このカードのストーリー

攻守にたけ、自信にあふれた成功者

　左手に宝珠を携え、右手に王笏(おうしゃく)を持った「皇帝」は、権力者である雄々しさが漂っています。番号の「4」には、十字や四角形、方位や四季などに表されるように、無秩序な状態を統制し、固定させる意味があります。一国の王は、混沌(こんとん)とした国に、まさに秩序をもたらす存在なのです。

　立派な玉座についた皇帝の表情は厳しく、自信にあふれています。ウェイト版では赤い装束の下に甲冑(かっちゅう)をつけていますが、これは今の状態に安住せず、さらなる前進を目指していること、そしていつ敵が攻めてこようとも、すぐさま臨戦態勢に入る準備ができていることの表れです。背後に描かれた険しい山々は、ささいなことに揺らがない不動心、国を守ろうとする決意の象徴と言えるでしょう。

　皇帝は、権力や権威に安閑としているわけではなく、頂点を保つための並々ならぬ努力と強靭(きょうじん)な精神力で、自らの立場を守り抜こうとしているのでしょう。大切なものを守り、欲しいものを勝ち取るためには、油断やスキを与えてはならぬと伝えているようです。

理解を深めるワンポイント・アドバイス

皇帝のもう一つのキーワードが「自信」。いくら武力があっても、メンタルが弱い王が統治する国は、すぐ滅ぼされます。これに対し、末永く繁栄する王国の王は、常に「自分にはできる」という自信にあふれており、たとえ敗北を喫したとしても、必ず別の場面で取り返します。このカードはそうした「成功者の心理」をも暗示しています。

Card Reading　このカードが出たら…

正位置
状況・運気／行動力にあふれる、理想のために奮闘
心理的状態／自信にあふれる、前向き
アドバイス／ひるむことなく、大胆に行動を！

目標に向けて行動を起こすべき時です。じっと座っていて得られるものはありません。自らの望みのために、妥協することなく大胆に前進し続けましょう。また、自分でリーダーシップをとらねばならない状況を表す場合も。プレッシャーはありますが、成しとげれば、きっとあなたの経歴に、輝かしい足跡がしるされることでしょう。

逆位置
状況・運気／バイタリティーに欠ける、裏目に出る
心理的状態／独断と偏見、身勝手、自信喪失
アドバイス／無理やりな進め方はNG！

逆位置の場合、皇帝の持つ強さが十分に発揮できず、肝心な時に勇気が出なくて、「自分には無理」と尻込みすることを暗示。逆に、強さが過剰になり、裏目に出る場合もあります。独断的行動、自己過信、横暴な振る舞い、無茶なやり方など。それを繰り返すうちに、気づけば味方を失っていることもあるかもしれません。

恋愛
正：望みの相手を手に入れる、ひるまずにアプローチを続ける、告白する
逆：千載一遇のチャンスを逃す、強引なアプローチで失敗、思い込み

仕事
正：一大プロジェクトに着手、リーダーに抜擢される、重大な決断を下す
逆：独断専行、部下がついてこない、孤独な上司、欠点を突かれ責められる

対人関係
正：リーダーシップを発揮、自己主張する、成功者や有力者と縁ができる
逆：周囲との足並みが乱れる、陰口をたたかれる、理解が得られない、独断的

結婚
正：頼もしい異性との結婚、平和で安定した結婚生活、家庭を築く
逆：期待外れの相手、これという異性がいない、結婚に乗り気ではない

独立・転職
正：独立や起業は幸運、バリバリ働ける環境、ワンマン型の人物、経歴向上
逆：過剰な自己アピールで失敗する、実力主義の職場についていけない

お金・その他
正：がっちり稼ぐ、蓄財、父親の影響を受ける、家を買う、貯金、成功報酬
逆：財産や資産をムダにする、衰退の一途、心身のパワー不足、見込み違いの投資

Ⅴ

5・法王
THE HIEROPHANT

KEY WORDS　精神性・正しさ・道徳心

ウェイト版　　マルセイユ版

Story　このカードのストーリー

人たるものの「正しい道は何か」を説く

「皇帝」が、世俗的・社会的な意味での権威とするなら、「法王」は精神的な権威の象徴と言えます。この世には、人知でははかり知れない力が確かに作用しているということを、私たちは生きていく中で大なり小なり、感じとることがあるでしょう。それは時に悲しく、厳しく、しばしば受け入れ難い体験や出来事であるかもしれません。そうした人間が直面するさまざまな事柄や事態に、導きを示してくれる存在が法王なのです。

　中央に静かに座し、2人の僧侶に教えを説いている（または祝福を与えている）法王は、その表情からも高い徳を備えていることがうかがえます。

　皇帝が自国にとっての正しさを追求するならば、法王は国を超えた、人類すべてにとっての正しさを重んじる存在。たとえば目上を敬うこと、困っている人を助けること、社会規範や道徳心など、この世のルールを教える教育者的側面もあります。一時の衝動や欲にまかせて道を踏み外すことなく、社会的規範にのっとった、正しい選択をすべきことを求めるアルカナです。

理解を深めるワンポイント・アドバイス

　高い精神性と良識、道徳心を表すこの「法王」のカードが出たならば、質問のジャンルが何であろうと、あなたの問いかけに道を示してくれるような、良きアドバイスを与えてくれる導き手がいることを暗示しています。あるいは、「あなたが直感的に感じとっていることが正しい」と告げているかもしれません。

Card Reading　このカードが出たら…

正位置

状況・運気／正しい道にある、規範を重んじる
心理的状態／穏やかで誠実、優等生的、曲がったことはしない
アドバイス／良識ある態度を心がけて！

　落ち着いて冷静に自分を見つめられる時です。衝動的な行動を起こしたり、無謀な冒険をすることなく、一つずつていねいに成しとげることで、成果を得られるでしょう。大胆かつ戦略的行動をする人々を見て、焦ることもあるかもしれませんが、最終的には正しく誠実な行いをする者が勝利します。また年長者からの教えに縁がある時です。

逆位置

状況・運気／ルールに縛られる、ルールを破る
心理的状態／これまでの価値観が覆される、後ろめたさ
アドバイス／視野を広く持つことが大切！

　正位置が示すルールやモラルに、過度に縛られている状態。もしくはそれを破ろうとしている状態を表します。もはや通用しない常識や自分の考えに固執し、杓子定規な判断しかできなくなっているのでは？　またルールそのものをうっとうしく感じ、後ろめたい行動に出ようとしていることも。今いちど自分を客観的に見る必要があります。

恋愛
- 正：結婚を前提にしたつき合い、誠実な交際、尊敬できる相手
- 逆：二股などモラルを無視した関係、感情にまかせた行動をして後悔する

仕事
- 正：順序を守る、誠実な仕事ぶり、上司や年長者が力になってくれる、着実な昇進
- 逆：堅物で柔軟さがない、ルーズ、期日を守らない、基本的マナーがなってない

対人関係
- 正：穏やかな関係、信頼できるパートナー、親との関係が良好になる
- 逆：相手の迷惑を考えない行動、融通が利かない、約束や時間にルーズ

結婚
- 正：お見合い、年長者の紹介に縁あり、安定した将来性のある関係
- 逆：デキちゃった結婚、周囲からの反対、格差婚、内縁関係

独立・転職
- 正：いいチャンスがもたらされる、新しい組織を作る、公的機関に縁あり
- 逆：法律問題、転職がスムーズにいかない、キャリアを捨てる

お金・その他
- 正：正当な対価を得る、安定収入、募金する、教育にまつわる事柄、ボランティア
- 逆：盗難や詐欺にあう、不正で得たお金、罰金を払う、無計画な運用

Ⅵ

6・恋人
THE LOVERS

KEY WORDS パートナーシップ・選択

ウェイト版　マルセイユ版

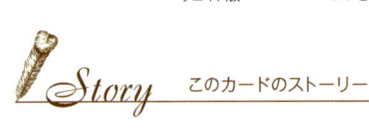

Story　このカードのストーリー

愛による決断と選択の時

「恋人」という言葉から、恋愛や愛する人をイメージしてしまう人が多いかもしれません。マルセイユ版では3人の人物が描かれていますが、真ん中の人物は、男女をとりなそうとしているのか、あるいは三角関係を表現しているのか……。一方、ウェイト版ではアダムとイブを思わせるような男女と、背景には二人を見守るかのように天使が描かれています。

　恋愛は、多くの喜びと人としての成長をもたらしてくれる貴重な体験であるとともに、時には悲しみをもたらすこともあります。どちらに転ぶかはわからないけれど、決断しなければ愛が始まることはありません。そのため、このアルカナには「選択」という意味あいが込められているのです。

　また仕事や友情など、幅広い意味での「パートナーシップ」を表してもいます。人は人と出会い、お互いに助け合ったり、心を通わせ体験を共有する中で絆が深まったりします。そうして相互信頼や愛の学びを経て、はじめて本当の意味での自分を知ることになるのです。

理解を深めるワンポイント・アドバイス

この「恋人」のカードを引いた時は、あなたが楽しみや喜びを感じることを、素直に追求しましょう。理屈抜きで、何となく好きだから誘ってみる、何となく心惹かれるから習ってみるなど、気楽な気持ちで進めることが大切です。心がときめくような出会いも、思いがけず訪れるかもしれません。

Card Reading　このカードが出たら…

正位置
状況・運気／運命的な出会い、今後の人生を選び取る
心理的状態／未来への期待感、予感を信じる
アドバイス／選択することを恐れないで！

人生には必ずターニングポイント（分岐点）があります。成長していくうえで訪れるターニングポイントを、このアルカナは暗示しています。物事が結果的にうまくいくかどうかの大半は、始まり（決断）の時の動機や心の状態に起因することが多いもの……。愛からの、心からの決断なら、きっと後悔はないはずです。

逆位置
状況・運気／決断できない、コミュニケーション不足
心理的状態／迷い、優柔不断、どっちつかず
アドバイス／心が定まるまで、時間をおいて！

逆位置で出ると、せっかくのチャンスがあっても「選べない」「決断できない」など、優柔不断な態度が足を引っ張ることになりそう。あなた自身、自分がどうしたいのかわかっていないのかもしれません。この状態で無理に決断すれば、後悔することになりかねません。心が決まるまで、もう少し時間をおきましょう。

恋愛
- 正：幸福な関係、決心をうながす電撃的な出会い、居心地のいい関係
- 逆：複数の相手で迷う、遊びの恋、決め手に欠ける、相手まかせの恋

仕事
- 正：パートナーの出現、重要な契約がまとまる、新規事業のチャンス、進展の兆し
- 逆：A案とB案で迷う、責任から逃れたい、自ら行動を起こすのを避ける

対人関係
- 正：調和的な関係性、親友やソウルメイトとの出会い、サークル活動
- 逆：人の意見に流される、決断を人まかせにする、不可抗力を装う

結婚
- 正：決断の時、周囲から憧れられるカップル、幸福な家庭を築く
- 逆：結婚に踏み切れない、焦って結婚して後悔する、中途半端な状況

独立・転職
- 正：天職に出合う、感性を生かせる、オープンな職場、営業
- 逆：どの条件も横並びで選べない、どの選択肢も違う気がする、逡巡する

お金・その他
- 正：クリエイティブな取り組み、セクシーな魅力が増す、二者択一
- 逆：その日暮らし、楽な道に逃げる、決断できない、気まぐれ、間違った選択

Ⅶ

7・戦車
THE CHARIOT

KEY WORDS　勝ち取る・積極的

ウェイト版　　マルセイユ版

Story　このカードのストーリー

欲しいものを勝ち取るために、戦いを挑む

　7番目のカード「戦車」は、人生を勇敢に切り開いていこうとする、英雄的な寓意（ぐうい）の象徴です。古代、戦車を御す者は、戦いに勝利できました。ウェイト版では、戦車を引く馬は、白と黒のスフィンクスで描かれていますが、これは理性と本能など、2つの相反する力を、うまく御すことの重要性を伝えているようです。

　とはいえ、勝ちに行くこと、欲しいものを取りに行くこと……人生で本当に欲しいものを手に入れるためには、打って出なければならない時がある、ということを教えるのが、このアルカナです。弱気な自分に負ければ、歩みは止まってしまいます。「ダメかもしれない」などと考えず、後先考えずに、一歩踏み出す衝動を大事にする —— それによって得るものがあることを教えています。

　また、乗り越えなくてはならない課題があることを示している場合も。今、どんな目的で、どこへ向かおうとしているのか、そのために必要なことをクリアしているのかを、見つめ直すのも大事かもしれません。戦車を自分自身ととらえたなら、乗りこなすのもまた、あなた自身なのですから。

理解を深めるワンポイント・アドバイス

　一つの周期の完了を表す数字の「7」を割りふられた「戦車」のカードは、陽の側面＝能動性を暗示しています。また戦車という乗り物に乗っていることで、物事の進み方は、格段にスピードアップ。一刻も早く動き出したいという衝動や、事態が急展開を見せること、そして「今こそが、チャンスの時である」ことを表します。

Card Reading　このカードが出たら…

正位置
状況・運気／スピード感あふれる展開、勝負すべき時
心理的状態／動きたくて仕方がない、熱くなる
アドバイス／後悔のないように、思ったら即行動を！

　積極的に打って出るべき時であることを表します。段取りや周囲の状況を気にしているヒマはありません。あなたの心が「今だ」と感じた時に、瞬発的に踏み出せるよう準備を整えてください。チャンスは突然やってきます。たとえセカンドチャンスがあったとしても、一度目よりも、可能性は格段に小さくなってしまうことを忘れないで。

逆位置
状況・運気／いさかい、コントロール不能な状況、時期尚早
心理的状態／焦って空回り、後悔する、パワーダウン
アドバイス／勢いまかせの行動は避け、今はじっと耐えて！

　戦車が示すパワーが過剰に出た場合、衝動的な行動をとって窮地に陥ることや、慎重さを欠いた判断で、トラブルに巻き込まれることを暗示します。今はまだ動くべきではないようです。逆に、力を出すべき時に出しきれない状況も表し、チャンスなのに勇気が出ず見送ってしまう、実力不足、不完全燃焼で後悔することを示す場合も……。

恋愛
- 正：気持ちの高まりをそのまま行動に、今すぐ連絡を、ライバルに勝つ
- 逆：思いが暴走する、失態を見せる、ここぞという時に勇気が出ずに失敗

仕事
- 正：バリバリ働く、熱意で人を動かす、攻めの姿勢、リスクを顧みない、勝利
- 逆：能力不足を実感する、一瞬の判断ミスが命取りに、力の出し惜しみ

対人関係
- 正：自分から接近する、イヤな相手に立ち向かう、人の言いなりにならない
- 逆：もめ事に巻き込まれる、カッとなって失言する、強く怒りを感じる

結婚
- 正：電撃結婚、望みの相手を自分のものにする、婚活に励む、プロポーズする
- 逆：不本意な波乱含みの結婚、いさかいの絶えない結婚生活、情熱が冷める

独立・転職
- 正：念願の会社に就職、独立する、ポジションを得る、拡大路線、勝負に出る
- 逆：ためらってチャンスを逃す、極度の緊張状態、失言、時期尚早

お金・その他
- 正：報酬を手にする、自分の弱さに打ち勝つ、心身ともにハイパワー状態
- 逆：望みのものが得られない、肉体の疲労がピーク、信念が揺らぐ、限界

Ⅷ

8・力
STRENGTH

| KEY WORDS | 力の均衡・コントロール |

ウェイト版　マルセイユ版※

✎ Story　このカードのストーリー

自らの欲や衝動を、うまく手なずける

　人をかみ殺すほどの力を持った野生の獅子。かたわらには女性が寄り添い、鋭い牙を持った口を手で押さえています。百獣の王である獅子は、古来、聖なる動物とされ、男性性や権力、欲望や本能などの象徴。それを女性が手なずけ、暴走を抑えているさまは、まさに「力のコントロール」を表しています。

　本来、力と相反する存在である女性が描かれているのは、穏やかさとの均衡を示しているようです。力によって支配しようとすれば、同じものが返ってくるだけで、平和的な解決には至らないでしょう。内なる欲望の象徴でもある「獅子」を野放しにすれば、最終的には身を滅ぼすことにもなるのです。このアルカナは、そうした内に眠る獅子を、いかに取り扱うかを暗示しています。

　また人生で直面する試練の象徴として「獅子」をとらえてもいいでしょう。気を抜けば、その牙でかみつかれるかもしれない不安や恐怖に打ち勝ち、逃げずに立ち向かい、忍耐力をもって根気強く取り組む……。「戦車」が行動力だとしたら、「力」が意味するのは強靭な精神力。その大切さを説いています。

※マルセイユ版では、Ⅷ（8）が「正義」のカードになっています（60ページ参照）

54　｜　第2章　大アルカナカード解説

理解を深めるワンポイント・アドバイス

　ウェイト版では、獅子と対峙している女性が薄いローブをまとっているだけで、決して武装していないことにも注目してください。「白」は純真無垢の象徴です。また強引にねじふせたり、正面から対立するのではなく、女性らしい優しさをもって獅子に接しているようです。ここに「獅子」の取り扱い方のヒントがありそうです。

Card Reading　このカードが出たら…

正位置

状況・運気／逆境をしのぐ、あえて均衡状態を維持
心理的状態／感情のコントロール、精神的なタフさ
アドバイス／粘り強く、時間をかけて取り組んで！

　難しい状況に直面しているかもしれません。高い壁を前に途方にくれていたり、自分の心と周りの状況の足並みがそろわず、イライラしていたり……。カギとなるのは、自制心。不安や諦め、すべてを振り切って行動したい衝動を爆発させないよう、うまくコントロールを。いずれ平和的な解決へと至りますから、今は忍耐することが大事。

逆位置

状況・運気／一時の感情に流される、均衡が崩れる
心理的状態／精神力の弱さ、努力の放棄、自己過信
アドバイス／あなたの心の強さが試されています！

　逆位置は、まさに獅子が暴走を始めた状態です。欲にまかせ自分を見失うこと、強引な手段によって失敗すること、性急な行動が裏目に出ることなどを表します。また獅子が不安や弱気といった感情を象徴する場合は、困難を前に尻尾を巻いて逃げようとしたり、精神的な弱さゆえ、楽な選択に流れようとしていることを表します。

恋愛

正：均衡状態、自分の本心や願望を抑える、長い努力の末に成就する

逆：感情のままに行動して嫌われる、負の妄想にさいなまれる、恋を諦める

仕事

正：一度の失敗でくじけない、粘り強さ、一枚上手、クレームへの適切な対応

逆：権力を使う、長い者に巻かれる、強引な力業で失敗、努力を放棄する

対人関係

正：武装せず丸腰で挑む、言い分を聞いてなだめる、誠意、優しさと寛大さ

逆：相手を力で何とかしようとする、振り回される、ピンチに弱い人物

結婚

正：焦らずじっくりと相手を探す、長い交際の末の結婚、器の大きい相手

逆：結婚そのものを諦める、見込み違いの結婚、セックスレス

独立・転職

正：衝動的な転職は再考すべき、今の仕事の価値を見直す、長期戦を視野に

逆：なかなか決まらない就職先、経歴の過大評価、ステイタス重視で失敗

お金・その他

正：収支のコントロール、欲望に負けない、コツコツ貯金をする、禁欲

逆：不安定な収入、欲にまかせて散財する、お金を稼ぐ意欲が薄れる

IX

9・隠者
THE HERMIT

KEY WORDS　内省・自己探求

ウェイト版　　マルセイユ版

Story　このカードのストーリー

これまでの道のりを振り返り、軌道修正する

　「隠者」のカードは、ウェイト版では暗闇（くらやみ）の中、探求の旅をする老人が描かれています。ランタンの明かりを道しるべに、心の奥深くに下りていくようなイメージです。闇の中では昼間のようには視界がきかないために、行く手は未知であり、恐怖をもたらすこともあるでしょう。

　このアルカナに割りふられたナンバーは「9」。1桁（けた）の数の最後であり、次のステージに至るためには、ここまで歩んできた道のりを振り返る必要があることを示しています。「自分の生き方はこれで合っているのか？」、もしも今が不遇な状態なら「なぜこんな結果になってしまったのか？」と……。

　その答えは、人が与えてくれるものではありません。人間には、孤独の中でしか磨かれないものがあるのです。それを放置したままでいれば、遠くない未来、また同じところでつまずくでしょう。

　そのポイントを自ら発見し、解決へと導くのがこの段階。本当の成功と幸せを知るためには欠かせない、重要な「気づき」をうながすカードなのです。

理解を深めるワンポイント・アドバイス

カードの印象から「動きがない」イメージがある「隠者」ですが、未開の地を目指して外へ向かうのが「戦車」なら、隠者はさらに果てのない、深い内面を旅しています。目に見える動きはなくても、内面は激しく動いていることが多いようです。また「内と外」ということから、「外見よりも内面を磨くべき時」という読み方もできます。

Card Reading このカードが出たら…

正位置

状況・運気／自己と向き合う、真実に気づく時
心理的状態／気づきを得る、思慮深い、深いレベルでの覚醒（かくせい）
アドバイス／一人になる時間をつくって！

正位置の場合、正しい内省が行われ、自分の中に答えを見いだせるでしょう。誤った考え方や負の感情パターンに気づき、修正することができたり、「本当に自分が求めているもの」、つまり心の真実を発見するでしょう。たとえ悩み多き状態にあったとしても、逃げ出さずにとことん悩み、考え抜くことが、そこから抜け出す唯一の道なのです。

逆位置

状況・運気／現実逃避、間違った考えにおぼれる
心理的状態／頑固さ、被害者意識、孤独感
アドバイス／内にこもらず、外に出ること！

逆位置の場合、正しい内省が行われないことを暗示します。現状を認めず意固地になったり、「自分を認めてくれない周囲が悪い」と自分の問題を人のせいにしたり、社会を拒絶して引きこもってしまうことも……。自己のマイナス面に向き合うことはつらいかもしれないけれど、逃げずに向き合うことで、状況は飛躍的に改善されるでしょう。

恋愛
- 正：本当に必要とするパートナー像、言葉にならない愛情表現、内面的なつながり
- 逆：恋に背を向けた態度、意地を張り素直になれない、気持ちと裏腹の言動

仕事
- 正：失敗の原因を探る、復習をしっかりする、自分の信念を明確にする
- 逆：思った成果が得られず相手を恨む、何度も同じミスを繰り返す

対人関係
- 正：あえて人と距離をおく、意義ある一人の時間、問題の根っこを分析する
- 逆：親や環境を恨む、家庭内で孤立、不幸を人のせいにする、自分を卑下する

結婚
- 正：本当にこの人でいいのか、自分にとっての結婚とは何かを考える
- 逆：「自分は一生独り」と思い込む、結婚へのネガティブな固定観念、トラウマ

独立・転職
- 正：自分の天職は何か考える、就職活動より自己分析に力を入れるべき時
- 逆：人生や社会に対する虚無感や諦めに襲われる、無力感、障害、孤立する

お金・その他
- 正：静かな暮らし、アイデアは外ではなく内にある、外見より内面の充実を
- 逆：現状に対する言い訳と正当化、堕落した生活、マニアックな趣味

X

10・運命の輪
WHEEL OF FORTUNE

KEY WORDS 流転する運命・ターニングポイント

ウェイト版　　マルセイユ版

✒ Story このカードのストーリー

運命は巡りゆく……

　10番目のアルカナは「運命の輪」。流転し、変化し続ける運命が「車輪」によって表されています。マルセイユ版では、運命を表す輪の両端に、回転によって上昇する者、そして下降する者が描かれ、一時もとどまることなく変化していく、この世の栄枯盛衰を表しているかのようです。また、輪の頂で剣を手にするスフィンクスは、人の力によって決して変えることのできない、荒々しい運命的な力を暗示しているようです。

　番号として割りふられた「10」は、1桁から2桁へ、一段違うサイクルの始まりを表す数。何らかの形で生き方を変えてゆくような、変化の時節が到来することを意味しています。良い意味では、ステージアップしていくような飛躍をとげていくかもしれないし、もしかしたら、運命の輪が暗転していくような不条理を体験するかもしれません。そうした人生の変化に振り回されず、運命的な出来事にあらがうことも、支配されることもなく、中庸を得ながら向き合っていくことの大切さを伝えているのです。

理解を深めるワンポイント・アドバイス

望むと望まざるとにかかわらず、強制的な変化が訪れるかもしれません。正位置・逆位置の意味を記していますが、上なる者が下になり、下なる者が上になる状況では、「今はよくても、次の瞬間は……」ということがあり、その逆もまたしかり。基本的に正逆はないと考えてください。また、一緒に出たカードとの関連性を見ることも大切です。

Card Reading　このカードが出たら…

正位置
状況・運気／幸運のチャンス到来、苦境を乗り越える
心理的状態／うれしい驚き、ストレスからの解放
アドバイス／上昇する流れにうまく乗って！

予期せぬ幸運が到来するかもしれません。重大なニュースが舞い込み、環境がガラリと変わったり、運命的な出会いがあったり……。「もう無理かも」と思っていた状況が、一気に好転するのを感じるはず。思いがけない出来事によって、価値観の変化を体験することも。悩んでいた状況は解決されて、今後の人生が開けていきます。

逆位置
状況・運気／不測のアクシデント、チャンスを逃す
心理的状態／恐れていたことが現実に、アテが外れる
アドバイス／向かい風や、周りの状況に翻弄されないで！

思いもよらぬトラブル、事態の急変が起こりそうです。「どうして!?」と憤るような理不尽な出来事や、期待外れの結果に落胆するかも……。ですが、この状況すらまだ運命の渦中。災いが転じて新たな道が切り開かれたり、ダメになることで新しいものを手にすることもあるので、目の前の吉凶にとらわれず、広い心ですべてを受け止めて。

恋愛
- 正：接近のチャンス、偶然二人きりに、運命としか思えない出会い、一目惚れ
- 逆：大失態を見せる、不可抗力的に引き離される、会いたくても会えない

仕事
- 正：実行に移すチャンス、立場の向上、追い風、ブームに乗る、助けの手
- 逆：アクシデントにより失敗、逆風、ブームに乗り遅れる、先取りしすぎ

対人関係
- 正：周囲の協力を得る、いい友人との出会い、家庭問題が解決へ向かう
- 逆：ぬれぎぬを着せられる、悪評が立つ、家庭問題がさらにこじれる出来事

結婚
- 正：出会ってすぐに電撃ゴールイン、理想的な配偶者、婚活の成功
- 逆：これといった出会いがない、まとまる寸前で破談に、暗中模索

独立・転職
- 正：好条件の求人に巡り合う、トントン拍子で採用、ヘッドハンティング
- 逆：今より悪条件の職場、なかなか話がまとまらない、望まない転属

お金・その他
- 正：何かにつけツイている、生活全般のレベル底上げ、スカウトされる
- 逆：不安定な立場、生活レベルを下げざるを得ない、トラブルに巻き込まれる

XI

11・正義
JUSTICE

KEY WORDS　正しさ・冷静・決断

ウェイト版　　マルセイユ版※

Story　このカードのストーリー

自分の行いの「正しさ」を問いかける

　運命の荒波に翻弄された後、人は一体、何を指針に人生を歩んでゆけばいいのか……。「正義」のアルカナは、「自分が正しいと思うことを信じて進むよりほかない」と伝えているようです。ウェイト版では、公正さの象徴である天秤と、判決を下す象徴である剣を手にした女神が、凛とした表情で、あなたの真実を見抜こうとしています。彼女はこのカードを引いた人に、「それは果たして正しいのか？」と問いかけてきます。自分が正しいと思う「正義」に照らし合わせて、とろうとしている行動がそれにふさわしいのか否か……。

　本当は違うけれど、「自分にとってこれは正しい」と思い込もうとしていれば、女神は容赦なく、その剣で裁きを下すでしょう。

　また秤は、水平な場所に置かなければ、正しくはかることができません。このことから、冷静かつ客観的な目で状況を見ることが大切である、ということも暗示。先送りしている問題があるのなら、なあなあにせず「きちんと向き合い、何らかの決断を下す」ことも、このカードの象意に含まれています。

※マルセイユ版では、XI（11）が「力」のカードになっています（54ページ参照）

理解を深めるワンポイント・アドバイス

このカードは、正逆よりも、引いた瞬間の心的反応や感覚に注目してください。ふっとやましさや後ろめたさを感じたならば、あなたが進もうとしている道は正しくない、ということです。女神が持つ天秤に、あなたの心や願いを乗せた時……あなたが何を感じとるか、イメージしてみるのもいいでしょう。

Card Reading　このカードが出たら…

正位置
状況・運気／正しい道にある、後悔のない決断
心理的状態／冷静で客観的、物事の真実を見抜く
アドバイス／自らの正しさをきちんと主張すべき！

今の自分にとって何が正しいのか、心の奥では理解しているでしょう。「感情的にはこちらがいいけれど、正しくはない」など、必ずしも本意な結果ではないかもしれませんが、あなたはどちらを選ぶべきかわかっています。あとはそれを決断し、実行に移すことです。もし理不尽な状況に置かれているならば、しっかり声に出して訴えて。

逆位置
状況・運気／独断と偏見、悪事に手を染める
心理的状態／感情的で近視眼的、えこひいき
アドバイス／それ以上、罪を犯す前に退却を！

あなたは今、やや冷静さを欠いているようです。偏ったものの見方をしており、心の天秤が大きくバランスを崩している状態。ルールを無視して、欲しいものを手に入れようとしたり、自分の中の正義に背いて、邪（よこしま）なことに手を染めようとしていることも。今ならまだ、引き返すことはできます。いちど再考が求められるカードです。

恋愛		仕事		対人関係	
正	クールな相手、自分にふさわしい相手かどうか考える、関係を認める	正	論理的に物事を考える、情に流されない、役割分担を明確にする	正	誠実な友人に恵まれる、決着をつける、仲介や仲裁などを行う
逆	不誠実な交際を終わらせる、一方的な別れ、お互いの非を責める	逆	冷静な判断が下せない、仕事を抱え込みすぎる、小さなズルが大問題に	逆	えこひいきする、人によって態度を変える、裏切り、見た目に騙される

結婚		独立・転職		お金・その他	
正	不足しているものを補い合う、夫（妻）としての権利を主張、お見合い	正	やりたいことに向け転職、事後処理もきちんと行う、能力に見合う条件	正	正当な報酬を得る、より好条件の収入源、ウソを見破る、帳簿を調べる
逆	認められない結婚、陰でこそこそする関係、条件にこだわりすぎる	逆	利益のために違法なことをする会社、経歴を偽る、誠実さに欠ける	逆	権利を侵害される出来事、法律問題、ルールを破る、ウソをつく

12・吊るされた男
THE HANGED MAN

KEY WORDS　閉塞した状況・身動きがとれない

ウェイト版　　マルセイユ版

Story　このカードのストーリー

静止した時の中で、真実を見いだす

　12番目のアルカナ「吊るされた男」は、ウェイト版では男が右足を木にくくりつけられ、逆さ吊りになっています。基本的に身動きのとれない閉塞(へいそく)した状況、手も足も出ない絶望的な状態を表すカードですが、なのになぜ彼の表情はこれほど穏やかなのでしょうか。身もだえすればますます縄が足に食い込み、痛みが増すだけと悟り、諦めの境地に達したのでしょうか……？

　人生で起こりうる不条理な出来事や苦境は、私たちにただ苦しみをもたらすだけではありません。過酷な状況にさらされていればこそ、平和で楽しい時には考えもしないような、根源的な問いかけが湧き起こってきたり、大きな気づきがもたらされることが多いものです。

　また、こうして身動きのとれない状況は、言い換えれば、周囲の邪魔が入らない状況でもあります。絶望の中で彼は一種の悟りのような、霊的な境地に到達しているのでしょうか。吊るされた男は、彼なりに何かを考え、答えを見いだそうとしているのです。

理解を深めるワンポイント・アドバイス

男の頭の周りには、白く輝く後光が差しています。これは肉体がどんな状態であれ、頭は明晰(めいせき)で、自分のすべきことがわかっていること、通常では得られない超常的な気づきやインスピレーションがあることを表しています。逆位置では頭が上になり、後光に焦点が当たることから、本書では特にこの部分を取り上げて解説をしています。

Card Reading　このカードが出たら…

正位置
- **状況・運気**／手痛い失敗、やり直し、動くほどに苦しみが増す
- **心理的状態**／憂鬱(ゆううつ)な状態、焦りと苦痛
- **アドバイス**／じたばたせずに、受け入れること！

目の前の現実に、重苦しいものを感じているようです。やりたいことを中断される、期待した成果が上がらない、やることなすこと空回り、周囲と自分を比べて焦ってしまう……。ですが、もがくほどに苦しみは深くなります。今あなたが置かれている状況は、動いて解決できるものではないのです。そのことを知り、あらがうのをやめて。

逆位置
- **状況・運気**／気づきが訪れる、現状の打破が近い
- **心理的状態**／少しずつ頭が明晰になってくる、落ち着き
- **アドバイス**／逆境だからこそ、見えてくるものを大切に！

苦しみの中で、大事なことに気づくかもしれません。ランナーズ・ハイのように、急に頭が冴え渡り、思考が明晰になってくるでしょう。表面的にしかとらえていなかったことの、奥にある真実が見えてきて、世界の見え方が変わることも。あらゆる問題は、あなたを脅かすものではありません。窮地にあっても、希望の光を見つけられるはず。

恋愛
- **正**／積極的に攻めるわけにいかない相手、停滞した状況、味方のいない恋
- **逆**／愛の本当の意味を知る、自分を犠牲にしていたことに気づく、耐え忍ぶ

仕事
- **正**／報われない結果、成果が出ないことを責められる、対策がムダに終わる
- **逆**／極度のプレッシャー、にっちもさっちも行かない、ムダな抵抗をやめる

対人関係
- **正**／自分の非を指摘される、自分を犠牲にする、周りに誰もいない状況
- **逆**／人とのかかわり方を見直す、大勢と会うより一人の時間を大切にする

結婚
- **正**／前進しない状況、互いの家族とのトラブル、何かを犠牲にする必要あり
- **逆**／結婚観がガラリと変わる、焦って婚活をするより内省が必要な時

独立・転職
- **正**／動いても成果がない時、不純な転職動機、なすべもない状況
- **逆**／転職の可能性を視野に入れる、現実をガラリと変えたい衝動、リタイア

お金・その他
- **正**／経済的な過渡期にある、空腹、プレッシャーで体を壊す、環境問題
- **逆**／努力を放棄、無理をする、報われない状況、物事にストップがかかる

XIII

13・死神
DEATH

KEY WORDS　何かを終わらせる・潮時

ウェイト版 　　マルセイユ版

✏ Story　このカードのストーリー

終わりを迎えることで始まる、新たな未来

　魂をこの世から切り離し、冥界へと連れていく「死神」は、死を連想させるモチーフ（象徴）です。死はひとつの終焉を暗示しているため、不吉なイメージを抱かれやすいですが、同時に再生をもたらす象徴でもあります。

　人生でも、恋の終わりや仕事上の転属など、大切にしてきたものを失うような、小さな死を体験することがしばしばあるでしょう。一見、無慈悲に思えるようなプロセスを経て、新しい自己を構築し、人生を再生していくことが可能となります。錬金術において、物質を黄金へと変容させる過程で、物質が腐敗（ニグレド＝黒化）して、新しい物質へと生まれ変わるイメージです。

　ウェイト版に描かれている死神は、決して恐ろしいだけのイメージではありません。死神の凱旋は、「死による勝利」とも受け取れ、死によって何かを終わらせる、打ち勝つことのできるものを暗示しているようです。

　何かを終わらせなければ、新しく始めることはできません。その意味では、「再生」「新しいステージの始まり」へと、いざなうカードでもあるのです。

理解を深めるワンポイント・アドバイス

キリスト教においては、不吉な数とされる「13」。キリストを裏切った13番目の使徒・ユダを示す数であり、年によっては13カ月を周期とする太陰暦など、13には何か物事を終焉させる意味が込められているのかもしれません。ひとつの事象に幕が下ろされることにより、再生という新たな幕開けを迎えることができるのです。

Card Reading　このカードが出たら…

正位置
状況・運気／変わるべき時、何かを終わらせる
心理的状態／限界を感じる、過去を手放す
アドバイス／失った後には必ず、再生が始まると知って！

断ち切るべき問題があることを示します。過去に受けた心の傷、諦めきれない人に対する思い、あるいは自分の弱さやこだわり続けてきたものなど、その対象はさまざまでしょう。決断を先延ばしするほど、傷は深くなり、気力が失われ、再起を難しくさせてしまうでしょう。このカードが出た時は、曖昧ではない断固たる決断を求められています。

逆位置
状況・運気／はっきりしない、何かにしがみつく
心理的状態／決断を先延ばしにする、無気力、未練
アドバイス／恐れずに、まずは現実を直視することから！

逆位置では、断ち切るべきものを、まだ断ち切りきれずにいることを表します。白黒はっきりしない、グレーの状態。行き詰まった状況を前にしながらも、撤退することができない、踏ん切りがつかない。「変わるべき」と頭ではわかっているのに、心や感情が抵抗していることも……。今いちど、現実を冷静に見つめ直す必要があります。

恋愛
- 正：恋が破たんする、別れを選ぶ、関係を解消する、腐れ縁を断ち切る
- 逆：恋をする気力がない、傷つくのを恐れる、脈のない相手を思い続ける

仕事
- 正：勇気ある撤退、白黒つける、計画が白紙になる、一つの夢を終わらせる
- 逆：失った職や地位への未練、今のやり方に固執する、変化をこばむ

対人関係
- 正：慣れ親しんだ相手との別れ、縁が切れる、面倒をかける相手を見切る
- 逆：なあなあの関係、別れた人への未練、過去の傷や経験を反すうする

結婚
- 正：離婚問題が決着する、お互いの過去を水に流す、相手に見切りをつける
- 逆：結婚に対し前向きに考えられない、結婚は難しいという諦めの心境

独立・転職
- 正：今の職場に見切りをつける、退職、再スタートを切る、会社の倒産
- 逆：独立への不安、安定を手放すことへの恐れ、次の勤め先が決まらない

お金・その他
- 正：無茶な生活を続け破綻する、破産、依存や悪習慣を断つ
- 逆：結論が出るまで時間がかかる、自分で稼ぐ気力がない、ノーと言えない

XIV

14・節制
TEMPERANCE

KEY WORDS　調和・バランス・穏やかさ

ウェイト版　　マルセイユ版

Story　このカードのストーリー

節度あることの美徳

　天使が２つのカップを手に持ち、水を移し替えているさまを描いた、14番目のカード「節制」。ウェイト版・マルセイユ版ともに、大きな翼を持つ大天使が描かれています。身を切るようなつらさや劇的な変化、または死という浄化作用を通過した魂が、新たなエネルギーへと置換されるような象意を表すアルカナで、そのイメージの通り、調和とバランスを表しています。

　水が器から器へと移されているさまは、「無意識だったことが意識化される」という意味もあります。穏やかな表情の天使は、人の魂の成長を見守るかのように、この世のバランスと、魂の調和を助けてくれているようです。

　日々、淡々と繰り返し努力すること、欲張らずに節度を保つこと、中庸な自分をキープすること……実は幸せとは、こうした節制のうえにこそ成り立つものです。一朝一夕で手に入る幸せは、失われるのもまた早いもの……。

　すべては何気ない日々の努力の積み重ねによって、育まれていくことを教えてくれるカードです。

理解を深めるワンポイント・アドバイス

このカードが出た時は、天使が入れ替えている液体が、質問における何を表しているか考えてみましょう。水のエレメントが示すように、愛情や感情、生命力かもしれません。また2つのカップは、何を象徴しているのでしょう。「恋愛から結婚へ」あるいは「物事を別の視点から見てみる」「クールダウンする必要性」などと解釈できるかも。

Card Reading　このカードが出たら…

正位置
状況・運気／平和な日々、心身の調和がとれている
心理的状態／自らを適度に律する、継続や反復が苦ではない
アドバイス／そのままのペースで、淡々と歩み続けて！

穏やかであろうとしている時。我欲に駆られることなく、きちんと自分自身をコントロールし、今ある生活の幸せを感じとっているでしょう。人間関係では中庸を保ち、あなたを中心に調和が育まれているはず。たとえ問題があったとしても、その秀でたバランス感覚を生かすことで、解決へと導かれるでしょう。

逆位置
状況・運気／低いほうへ流される、ミスを連発、なあなあ
心理的状態／怠惰、欲望をコントロールできない
アドバイス／自らを律する気持ちを思い出して！

まさにカップの水があふれたり、こぼしてしまった状況です。ムダな努力をしていたり、コントロールのきかない状況に振り回されていることも……。自分の欲を優先するあまり、周囲の人たちとの関係に不調和が生まれていたり、生活習慣の乱れから、身も心も疲れているかもしれません。心身ともに休養が必要という場合もあります。

恋愛
- 正：進展がない、遠くから見守る、献身的な愛情が功を奏する
- 逆：相手の迷惑を顧みずに感情をぶつける、刺激的な恋に身をゆだねる

仕事
- 正：ムダのない作業、折り合いをつける、妥協する、陰の努力が認められる
- 逆：日々の作業にマンネリを感じる、凡ミスを連発、仕事に身が入らない

対人関係
- 正：円満で協力的な関係性、調停役、双方の言い分を聞く、適度な距離感
- 逆：安らがない関係、破綻、情緒不安定、出しゃばった態度

結婚
- 正：愛に満ちた穏やかな生活、生活をともにできる相手と巡り合う、協力関係
- 逆：結婚生活の破綻、家庭内別居、ペースが合わない、見直し、話し合いが必要

独立・転職
- 正：立場をわきまえる、現状維持、やりがい、相互の条件の調整が必要な時
- 逆：身の丈に合わない志望先、引責、ムダ骨、実を結ばない

お金・その他
- 正：定期的な収支管理、節約、リズム感ある生活、きちんと整った身辺環境
- 逆：過度な散財、肥満、偏食、夜更かしなど不摂生、自分の力を発揮しきれない

15・悪魔
THE DEVIL

KEY WORDS　問題提起・心の中の魔

ウェイト版　　マルセイユ版

Story　このカードのストーリー

悪という名の誘惑に負けないように……

　悪魔は人間が作り出した架空の存在ですが、この世の「悪」の象徴とされています。半人半獣の姿で描かれているのは、人の理性と獣性を表しているかのようです。「魔が差す」という言葉があるように、人間は我欲や本能にあらがえず、悪と知っていながら身をゆだねてしまうような弱さも秘めています。このアルカナは、私たちの内にある邪(よこしま)さや弱さに、警笛を鳴らしているのでしょう。

　個人的な問題から、社会悪とされる問題に至るまで、抗議の意味で問題提起を投げかけている場合もあります。生活の乱れ、情欲におぼれる、モラルに反する行動、偽善、悪とわかっていながら加担すること、やめられない悪習慣など、数え上げればキリがないほどの悪とどう向き合い、自己を律していくか……。

　悪魔が恐ろしい姿で描かれてきたのは、悪に陥らないように導こうとする、先人の優しさでもあるような気がしてなりません。悪をことさらにあげつらっても、何の解決にもならない場合もあります。悪に支配されず、悪に染まらず、悪を御していくのは、人間に与えられた課題なのかもしれません。

理解を深めるワンポイント・アドバイス

「悪魔」と「死神」は、どちらも架空の存在で、似たイメージを抱きがちですが、死神が外からやってくる変化や、受け入れざるを得ない状況を表すのに対し、悪魔は心の内に巣食うもの。たとえば腐れ縁の恋愛において、相手に対する執着や欲望、身を滅ぼす恐れのあることを知らせているのが悪魔であり、それを断ち切らせるのが死神なのです。

Card Reading　このカードが出たら…

正位置
状況・運気／負のサイクルに転落していく
心理的状態／欲にまかせた行動、少しずつ歯止めがかからなくなる
アドバイス／自分の中の魔と、いちど正面から向き合って！

　嫉妬、偽善、弱さ、邪な考え、妬みや欲望……あなたの心にひそむ魔を暗示しています。「このままではいけない」と思いつつ、あらがえずにいるのかも。間違った我欲は、身を滅ぼしかねません。これ以上続けるのは不毛であることを告げています。また、自堕落な生活態度や、ぬるま湯の状態、向上心のなさなど、甘えを暗示している場合も。

逆位置
状況・運気／負のエネルギーを周囲にまき散らしている
心理的状態／無意識のうちに悪におぼれている
アドバイス／自分自身を客観視することが必要！

　逆位置の場合、本人が無自覚のまま、悪におぼれている場合があります。「相手のために」「よかれと思って」と自己正当化し、利己心に気づいていないかもしれません。「あの人には自分が必要だから」などと思い込んでいることも……。本人が気づいていない分、正位置よりもやっかいなところがあり、抜け出すにはかなり努力が必要です。

恋愛	仕事	対人関係
正：異常な執着、束縛、愛欲におぼれる、品位を落とす恋愛、悪評のある相手	正：手を抜く、不正に加担する、利益だけ追い求める、偽善的事業、誇大発言	正：自分勝手、利己的、邪な考えに染まる、激しい嫉妬心、情念、裏切り
逆：相手を束縛する、しつこく追い求める、共依存の関係性、背信行為	逆：なあなあ状態、楽なほうへ逃げようとする、間違ったやり方を広める	逆：中傷する、悪いうわさを流す、騙す、相手をコントロールしようとする

結婚	独立・転職	お金・その他
正：怠惰でルーズな生活、不安や焦り、欲など純粋な愛情からではない結婚	正：目先の利益による転職、努力が報われない、欲によって判断力を失う	正：お金を湯水のごとく使う、ギャンブルやアルコール依存、悪夢を見る
逆：パートナーを裏切る、相手を暴力で従えようとする、社会的体裁だけの結婚	逆：裏付けのない話、騙されていることに気づかない、転職する気概がない	逆：身の丈に合わない買い物、無意識に悪に加担する、強情

XVI

16・塔
THE TOWER

KEY WORDS　崩壊・新陳代謝

ウェイト版　　マルセイユ版

Story　このカードのストーリー

「再建」に至るために、古きものを破壊する

　「塔」のカードでは、ウェイト版・マルセイユ版ともに、高くそびえた塔が天の雷によって破壊され、地に堕ちてゆく人間の姿が描かれています。ここから聖書に記されている「バベルの塔」のエピソードを思い出す人も多いでしょう。

　ただ、バベルの塔は未完成でしたが、この塔は最後まで出来上がっています。つまり、一度完成を見たものが崩壊する、というイメージなのです。

　このアルカナは、不測の事態によって、それまで安全だと思っていたことが安全ではなくなったり、環境から放り出されるような激変を暗示しています。社会のシステム、人との関係性、自分が置かれている環境……。

　また精神的なステージもそうです。「変わらなければ」と思いながらも変えられずにいた人は、強制的に崩壊させられたことで、いやが応でも「次」へ行かなければならなくなるかもしれません。突然の変化によって、真に価値ある生き方を手にすることが可能になることも多いのです。

　塔は、天啓による覚醒の象意でもあり、天からの愛の表れでもあるのです。

理解を深めるワンポイント・アドバイス

　突然の変化や衝撃的な出来事を暗示するこのアルカナは、築いてきたものや考え方が、崩れ去ることを意味しています。不遇と受け止められることが多いカードですが、見方を変えれば、これまで自分で自分を騙しつつ演じてきた自己や、無理した生き方が崩れ去ることによって、初心に帰り、新たなスタートのチャンスともとらえられます。

Card Reading　このカードが出たら…

正位置
状況・運気／衝撃的な出来事、不本意な変化
心理的状態／驚きと悲しみ、「こんなことになるなんて」という後悔
アドバイス／今はただ、じっと耐え抜いて！

　突然、自分が置かれている環境が激変したり、大事な人との関係が終わりを迎えることがあるかもしれません。あまりに理不尽かつ非情な現実に、心理的なショックが大きく、すぐに気持ちを立て直すのは難しいことも……。ですが、これも意味あって起きていること。あなたはまもなく、その本当の意味を知るでしょう。

逆位置
状況・運気／混沌（こんとん）とした状況、先が見えずに迷う
心理的状態／茫然（ぼうぜん）自失、どうしていいかわからない
アドバイス／何が起きても、あらがわずに受け止めて！

　逆位置になると、破壊の後の再生に焦点が当たります。突然の嵐の後、茫然と立ち尽くすかのように、現実を見ているかもしれません。ですがあなた自身、心のどこかでこうなることはわかっていたのでは？　あなたがそこでやるべきことは、すでに終えたのです。勇気を出して、その場を立ち去って。次のステージはもう始まっています。

恋愛
正：ギャップのある恋、衝撃的な事実、喪失感、破局、衝突、決定的な事態
逆：未練を感じる、去りゆく相手に追いすがる、諦めざるを得ない状況

仕事
正：会社の倒産や経営破綻、部署がかわる、計画が中断される、降格や減給
逆：ぬるま湯状態、楽なほうへ逃げようとする、無謀な賭け

対人関係
正：大ゲンカ、プライドを傷つけられる、引き離される、家族関係が変化する
逆：傷つく体験を通じ本当の自分に気づく、進路変更を余儀なくされる

結婚
正：破談になる、突然の別れ、将来性のない相手、理想と現実のギャップ
逆：お互いに別の人生を歩み始める、結婚できない相手、決定的な別れ、離婚

独立・転職
正：意気揚々と始めたことが失敗、就職先が見つからない、経営悪化
逆：現実の厳しさを思い知る、目的を見失う、事業の方向転換、計画が頓挫

お金・その他
正：経済不安、収入が断たれる、不利益、事故や盗難、貯金を切り崩す生活
逆：収入減、欠陥住宅、過去の問題の再燃、健康診断で病気が見つかる

XVII

17・星
THE STAR

KEY WORDS 　希望・理想を追い求める

ウェイト版　　マルセイユ版

Story　このカードのストーリー

暗闇の中、目指すべき方向を指し示すもの

　天空に輝く星は、古来、希望の象徴とされてきました。手でつかむことはできないけれど、星は確かに存在しています。旅人が北極星を指針にしたように、自分を見失いそうな時や、孤独や不幸のさなかに天を仰ぎ見れば、私たちに希望を与え、向かうべき道をきっと示してくれるでしょう。たとえすべてを失ったように感じても、希望を見いだせるかどうかで、人生は変わってきます。

　地上から見えない時も、天から優しい光を降り注いでくれているのですから、諦めてしまわない限り、希望とともに人生を歩み、心の奥深くにある真の望みを叶えることができるでしょう。アルカナに描かれた女性は、生命を司る象徴であり、新たな生命をつむいでゆく創造原理の象意でもあります。希望に生命を与えるのは、ほかならぬあなた自身であることを暗示しているようです。

　雲がかかって見えなくなったり、目を離したスキに見失ってしまうこともありますが、星自体は変わらず、そこにあり続けています。同様に、その人自身が希望を見いだし、信じ続ける限り、それは決して失われることはないのです。

理解を深めるワンポイント・アドバイス

このカードを単に「希望が叶う」と読むのは早計です。星が奇跡を起こしてくれるわけではありません。「希望を抱く」とは、あくまで人間の側の心の働きなのです。もちろん希望があればこそ、遠くない未来に到達できるのですが、現時点では不安な心を奮い立たせ、希望を持とうとしている、そんな切実な気持ちが表れている場合も。

Card Reading　このカードが出たら…

正位置
状況・運気／目標を見つける、未来に向け一歩踏み出す
心理的状態／期待感でわくわくする、切実さ
アドバイス／新たな夢や目標が生まれる兆しが！

「もうダメだ」と諦めそうになっている状況に、一筋の光が差すでしょう。再挑戦するチャンスが訪れたり、目標を新たに設定し直すことで、具体的な一歩を踏み出せることも。または「こうなりたい」と思える、理想的な人物との出会いの暗示も。それに向けて、自然とやる気も高まってくるため、着実に進めば理想を手にできる時です。

逆位置
状況・運気／間違った理想、目的地から遠ざかる
心理的状態／落胆、地に足がついていない、誘惑に負ける
アドバイス／もういちど、自分の立ち位置を見直して！

地に堕ちた星のイメージです。憧れていたものが急に色あせて見え、「なぜ自分はこんなもののために？」と、今までの道が誤っていたことを知るかもしれません。逆にあまりに遠い星に思いを馳せすぎて、夢見がちで独りよがりの妄想に酔いしれていたり、間違った目標を抱いている恐れもあります。

恋愛
正：理想通りの恋人の出現、好きな人ができる、憧れ、恋をしたい気持ちが高まる
逆：相手のイヤな部分を見る、手の届かぬ人を思う、恋に恋する、妄想に浸る

仕事
正：目標に向けてまっしぐら、可能性に満ちあふれる、新たな局面に突入
逆：目標を見失う、現実逃避、非現実的な夢を抱いている、能力の過大評価

対人関係
正：目標となる人を見つける、周囲から憧れられる、問題は解決に向け進む
逆：夢見がちで騙される、人に利用される、向上心のないなれ合いの関係

結婚
正：結婚を意識し始める、祝福された結婚、生涯をともに歩む
逆：恋愛と結婚のギャップ、人生観の合わない結婚、過剰な結婚への憧れ

独立・転職
正：努力して志望先に合格する、ステップアップのチャンス、栄転
逆：高望みの志望先、目的と志望先が合っていない、目標を見失う

お金・その他
正：直感が冴える、創造的、自分の才能を磨く、より高い理想を目指す
逆：アテが外れる、理想を諦める、怠惰な生活、本末転倒

XVIII

18・月
THE MOON

KEY WORDS　不安・無意識・感情

ウェイト版　　マルセイユ版

Story　このカードのストーリー

自分の感情や、潜在意識に向き合う

　満ち欠けする月は、古来、女性性や母性の象徴として、占星術的には無意識や本能、感情を司るとされています。lunatic（ルナティック＝狂気）という言葉がluna（月）を語源とするのは、夜空をおぼろげに照らす月明かりが、妄想や幻想を喚起して、奥深くにある不安を増幅したり、刺激をもたらすためかもしれません。

　ウェイト版・マルセイユ版ともに描かれた、水から這い出そうとしているザリガニは、潜在意識からの呼びかけのように、秘められていた欲求が、表に浮かび上がってくることを暗示しているようです。このアルカナは、人の潜在的な願望や恐れ、不安、過去のトラウマなど、普段は意識されていない内面を表しています。

　不安や感情の波に、そのままのみ込まれてしまったら、日常生活に混乱をもたらし、狂気を呼び覚ましてしまうかもしれません。けれども、心の奥底の声に耳を傾けるように、不安な感情とじっくり向き合い、意識的にかかわろうとすれば、不安や恐れをやみくもに増幅することなく、人生をもっと建設的に、より豊かに生きていくためのヒントが与えられるでしょう。

理解を深めるワンポイント・アドバイス

月は、西洋占星術においても重要な天体の一つ。特に、幼年期に育まれた感情のパターンや無意識、母親との関係性や家庭環境、幼い頃の衝撃的な出来事、コンプレックスを象徴することも。また、月は心の問題だけでなく、状況が不安定であることも表します。曖昧な状況か、もしくは悲観しているほど現状は悪くない場合もあります。

Card Reading　このカードが出たら…

正位置
状況・運気／心もとなく悩ましい状況、気分次第で変わる
心理的状態／不安や恐怖など負の感情にさいなまれる
アドバイス／感情の波にのみ込まれないように！

そこはかとない不安や寄るべのなさ、大事な相手を失ってしまうような恐れが、湧き起こっているかもしれません。相手の本心がわからず、得体の知れない不安を感じたり、隠されていた事実が明らかになって、動揺することもあるでしょう。ですが、この嵐は永遠に続くものではありません。力強く立ち向かえば、抜け出すことは可能です。

逆位置
状況・運気／問題が明るみに出る、悩み解決の時は近い
心理的状態／不安が現実化、満たされない思い
アドバイス／問題解決のカギは、外ではなく内に！

逆位置になると、月が沈み、水辺のザリガニが上ってきます。これは下層意識が表層に上ってくるということ。状況の曖昧さが消え、問題点が明るみに出たり、悩ましい状況が終盤にあることを示します。ここまで来たら、解決はあと一歩。目をそむけずにしっかりと直視すれば、問題は大したことではなかったと、気づくこともあるでしょう。

恋愛
正：愛されているか不安、抑えきれない疑心や嫉妬、相手を試すような行動
逆：見たくなかった現実、本当の望みに気づく、問題をきちんと話し合う

仕事
正：ミスにひどく動揺する、将来に不安を抱く、失敗を恐れて行動できない
逆：恐れていたことが現実になる、夢から覚める、個人的感情が仕事に悪影響

対人関係
正：混乱、感情的な態度、過度な落ち込みや攻撃性、過剰防衛に走る
逆：隠されていた事実が明るみに、負の感情パターンに気づく、家族問題

結婚
正：「このまま一人かも……」という漠然とした不安、結婚生活での不和、障害
逆：結婚を妨げるトラウマ、育ってきた家庭環境の相違からのいさかい

独立・転職
正：衝動的な転職、曖昧な志望動機、「自分には無理なのでは」という不安
逆：勤め先を転々とする、信頼できない会社、適性がないことに気づく

お金・その他
正：不安から散財や過度な節約に走る、情緒不安定、気持ちに振り回される
逆：最悪の状態から抜けつつある、幼少期を振り返るとヒントが、内省する

XIX

19・太陽
THE SUN

KEY WORDS　自我・顕在意識・芸術性

ウェイト版　　マルセイユ版

Story　このカードのストーリー

創造性と自己表現の喜び

　地上を明るく照らす太陽は、古来、聖なる光と生命力の象徴であり、占星術では創造性や自己を司ります。陽の光には、精神を健全にする作用もあるため、メンタルな意味での強さや健やかさを意味してもいます。アルカナに描かれた子供は、無邪気さや存在の喜び、内なる自信や、あるがままの姿を暗示しているようです。

　太陽のカードは、明るさそのものであり、人生のいかなる局面においても、童心のような純粋な気持ちで、あるがままに生きることの大切さを伝えているのかもしれません。月夜の晩に悩み抜いたことも、翌朝のまぶしい太陽の光を浴びたら、勇気を出して頑張ってみよう……という気持ちが喚起され、急に元気になった経験があるのではないでしょうか。太陽の光には、前向きさ、明るさ、新たな創造、生き生きとした生命を、呼び覚ますパワーがあるからなのでしょう。

　晴れやかな太陽を前にし、何を案ずることがあるというのか……。生命の躍動感、生きる喜びを感じるままに、内なる自己を信頼し、あるがままの自分の人生を受け入れることで、真に創造的に生きられると、このカードは伝えています。

理解を深めるワンポイント・アドバイス

このカードは、芸術性やクリエイティビティーも象徴します。なぜなら、真の芸術とは、人のウケや反響を狙ったり、見返りや報酬、ステイタスなどを気にして生まれるものではないからです。思ったこと、感じたこと、考えたことをありのままに、全身全霊を込めて表現した時に現れた「魂の本質」にこそ、芸術の尊さと価値があるのです。

Card Reading　このカードが出たら…

正位置
状況・運気／自分らしさを取り戻す、パワフル
心理的状態／楽しさ、充足感がよみがえる、オープンマインド
アドバイス／常に本音で生きること！

迷いや葛藤を乗り越え、揺るぎない自分を取り戻す時です。太陽のイメージから、どんどん連想してみましょう。長い冬が終わる、温かい関係を育む、童心に帰って遊ぶ、生命力が高まる、輝かしい栄光を手にする、など……。「白日の下にさらす」という意味もあり、今まで誰にも話していない夢や思いを、公言するのにもいい時です。

逆位置
状況・運気／自分らしさを見失う、パワーダウン
心理的状態／自信過剰または意志薄弱
アドバイス／今いちど、自分を取り戻して！

太陽のパワーが落ちるイメージで考えてみましょう。エネルギー不足、本当の自分を出せない、輝きが衰える、自信が持てない、意志薄弱……。逆に、太陽が今より勢いを増したとしたら？　業火で焼きつくす、自信過剰、横暴な態度、エゴに振り回される……。身近な象徴をどんどん自由に連想していくと、答えが見えてくるはずです。

恋愛
- 正：喜びに満ちた恋、素晴らしい出会い、魅力にあふれる
- 逆：相手を意のままにしようとする、自信がなくアピールできない、失意

仕事
- 正：成功、満足、行動開始、受賞など名誉な出来事、着々と計画が進行する
- 逆：実力が発揮できない、自信が持てない、計画性のなさで失敗、徒労

対人関係
- 正：自己を表現する、本気でコミュニケーション、和気あいあいの関係、アウトドア
- 逆：消極的、わがままに振り回される、思うように自己主張できない

結婚
- 正：周囲から祝福された結婚、情熱、子供を授かる、仲良し夫婦
- 逆：愛情や意欲が低下する、冷たい家庭環境、成り行きの結婚

独立・転職
- 正：新しい可能性が開ける、創造的な取り組み、忙しく動き回る、新企画
- 逆：将来性のない職場から出たい、能力にそぐわない志望先、計画にかげり

お金・その他
- 正：報酬、将来性、スタミナアップ、健康問題の改善、創作活動
- 逆：懐がさびしい、健康状態が悪化する、冷え性、精神的な弱さ

XX

20・審判
JUDGEMENT

KEY WORDS　再生・覚醒

ウェイト版　　マルセイユ版

Story　このカードのストーリー

古いものを捨て去ることで、新天地にいざなわれる

　天使がラッパを吹き鳴らし、死した人々が、再び生命を吹き込まれたようによみがえるさまは、聖書における「最後の審判」と結びつけられてきました。
　この図像は、キリスト教的な終末そのもののようですが、世界中のさまざまな宗教で、「死は天界への新たな旅立ち」というイメージが与えられているのも、人を本能的な死への恐れから、救済しようとする試みではないかと考えられます。
　天からの合図によって目覚めた人たちにとって、再び目にする世界は、まったく新しいものとして見えることでしょう。そのため、このアルカナは過去からの解放、苦しみが終わりを告げて新しい状況へと至る、諦めかけていたことが復活するなど、思いがけない幸運やインスピレーションを表すとされています。
　一度は終わったと思ったものが、再び日の目をみる……という意味あいから、復活愛や再会を意味するとも言われますが、ここでの復活は、過去のままの関係性やかかわりではなく、まったく新しい意味での始まり、新鮮な思いで相手と出会い直すなど、連続的な流れではなく、新境地としてとらえることが大切です。

理解を深めるワンポイント・アドバイス

「審判」のカードと混同しやすいのが、「正義」のカードでしょう。どちらも裁判や判決的なイメージがありますが、審判はあくまでも、聖書に記述のある「最後の審判」がモチーフ。正義は、己の心の秤（はかり）にかけて、正しいか否かをはかる部分に焦点が当たっており、審判では善悪よりも、その後の目覚めと再生がポイントになっています。

Card Reading　このカードが出たら…

正位置
状況・運気／閉塞的状況の終わり、救いの手、新しい局面
心理的状態／深い安堵（あんど）、精神的な覚醒、大事なことに気づく
アドバイス／まっさらな気持ちで、生き直して！

「自分には無理だ」と思って、心の奥深くにしまい込んだ夢や、諦めかけていたことに光が差し込むでしょう。ダメだと思っていた考えや固定観念を捨て去ることで、新境地が開けてくるのです。また、新しい気持ちで人生と向き合い直すことで、それまで見えなかった真実や、深い愛に気づけることも……。

逆位置
状況・運気／長引く苦境、無念さの残る結果、前へ進めない
心理的状態／諦めきれない、復活を強く望む、しがみつく
アドバイス／潔く手放して、新たなスタートを！

つらい状況が長引いているかもしれません。失ったものを諦めきれなかったり、悔いの残る結果に、復活や再チャンスの到来を望んでいることも。ですが、必ずしも復活させないほうがいいこともあります。本当に必要なものであれば、再生はもたらされるでしょうが、願っても現在得られていないなら、進路変更を考えたほうがいいようです。

恋愛
- 正：新しいチャンス、過去の恋を断ち切る、もういちど恋する気力がよみがえる
- 逆：あの時こうしていたらという思いがぬぐえない、相手に追いすがる、復活願望

仕事
- 正：好ましい環境変化、使命を思い出す、やり方を変えて再挑戦する
- 逆：後悔の残る結果、夢を諦める、中断する、自己不信

対人関係
- 正：仲たがいしていた相手と関係修復、旧交の復活、再会、トラウマを乗り越える
- 逆：相手に幻滅する、否定的な態度、立ち直れない出来事、無念さ

結婚
- 正：一からやり直す、関係の劇的な改善、惚れ直す、離婚を乗り越える
- 逆：別れた相手に執着する、「今から思えばもったいなかった」と思う相手

独立・転職
- 正：本当にやりたいことのために職を替える、真価を発揮できる仕事
- 逆：制限、実力不足、昔の仕事に執着する、これまでの業績を否定される

お金・その他
- 正：お金に対する考えが変わる、立て直し、もう一度連絡をとる、保証する
- 逆：不況の影響を受ける、先行きが暗い、スッパリ身をひく、新たな道を模索

XXI

21・世界
THE WORLD

KEY WORDS 　完全・完成

ウェイト版　　マルセイユ版

✎ Story このカードのストーリー

すべてのものが、完成と調和を迎える

　22枚の大アルカナの最後を飾るのが、「世界」です。ウェイト版・マルセイユ版ともに、アーモンド形のリースの中でダンスをしているかのように、優雅な姿の女性が描かれています。曼荼羅（まんだら）を彷彿（ほうふつ）させるこのアルカナは、すべての矛盾や葛藤（かっとう）が取り除かれた、完全なる調和、物事の完成、そして決して失われることのない永続性を表しているようです。

　このアルカナが示すのは、素晴らしい成就。単純に何かをやりとげたり、望みのものを手にしている……ということだけではありません。これまでのあらゆる経験を経て、自己矛盾が取り除かれ、本来の自己を獲得した状態。自分の本当にやるべきことや、使命を見いだした状態とも言えるでしょう。

　そして一つの事象の完成の後には、新たな始まりが訪れるように、これまでの経験と知恵をもって、より高いステージに至るための第一歩を踏み出すことになります。このアルカナは成就と更新を暗示するものであり、それまで掲げていた目標を達成し、さらに超越していく、人間の成長と変容が主題となっています。

理解を深めるワンポイント・アドバイス

「世界」と「運命の輪」は、どちらも円がモチーフになっていて、四隅に人間、ワシ、牛、獅子が描かれていますが、その意味は大きく違います。「運命の輪」では、流転する運命に翻弄された人間が、「世界」では、バランスを崩した心が調和を取り戻し、運命を乗り越えていく……そんなプロセスを暗示しているようです。

Card Reading　このカードが出たら…

正位置
状況・運気／ハッピーエンド、最高潮、次なるステージへ
心理的状態／達成感、揺るぎない自己肯定
アドバイス／最高の幸せを享受して！

あらゆる物事の成就の時がやってきました。障害はすべて消え去り、あなたがこれまでじっくり育んできたこと、挑戦し続けてきたことが、見事に完成し、実りをもたらします。今のあなたは、不可能を可能にすることができるほどのパワーを秘めており、望んだものを必ず手に入れることができるでしょう。ここから新しい世界が始まります。

逆位置
状況・運気／バッドエンド、未完成、不満足な結果
心理的状態／苦渋をなめる、スランプ、自信の喪失
アドバイス／目標を再設定し、もういちどトライして！

あと一歩のところで、うまくいかなかったり、スランプ状態に陥ってしまうかもしれません。前に進みたいのに進めない……そんな状況に、ますます焦りを感じたり、自信を喪失したりするでしょう。ですが、ここで諦めては後悔しませんか？　原点に帰って目標を設定し直し、やり方を変えれば、必ず望みのところへたどり着けるはずです。

恋愛
正：両思い、意中の人と結ばれる、魅力が最大限に発揮される時
逆：失恋、思いを受け止めてもらえない、膠着しなかなか縮まらない距離

仕事
正：長年抱き続けた夢の実現、より高い目標を達成する、頭角を現す
逆：あと一歩のところで成功を逃す、高すぎた目標、失敗による挫折

対人関係
正：劇的な和解、調和に満ちた助け合える関係性、最高のチームワーク
逆：自分勝手、連携がうまくいかない、リーダー的資質がない人物、いさかい

結婚
正：縁談がまとまる、周囲から祝福を受けた結婚、新しい人生を歩み始める
逆：あと一歩のところで崩壊、「この人でよかったのか」と後悔する

独立・転職
正：円満退社、前よりも格段に好条件の職場、難関をくぐり抜け合格・採用
逆：間の悪い転職、採用が決まらない、やりたいこととは別の仕事に就く

お金・その他
正：素晴らしい報酬、パワーみなぎる時、健康に関する懸念が消える
逆：不満足な収入、肉体的な疲労がピーク、やる気が出ない、契約の破棄

COLUMN 大アルカナカードの順序と名称について

　カードの意味を理解するうえで、割りふられた番号はとても重要なものですが、ウェイト版とマルセイユ版では、「力」と「正義」の番号が入れ替わっています。また初期のマルセイユ版では、「愚者」はナンバーなしだったほか、「死神」には名前がつけられていませんでした。
　トート版に至っては、番号だけでなく、名称が異なっているカードも多く、かなり独自性が高いデッキと言えます。

		ウェイト版	マルセイユ版	トート版
0	0	愚者	愚者	愚者
I	1	魔術師	奇術師(魔術師)	魔術師
II	2	女教皇	女教皇	女司祭
III	3	女帝	女帝	女帝
IV	4	皇帝	皇帝	皇帝
V	5	法王(教皇)	法王(教皇)	神官
VI	6	恋人	恋人	恋人
VII	7	戦車	戦車	戦車
VIII	8	力	正義	調整
IX	9	隠者	隠者	隠者
X	10	運命の輪	運命の輪	運命
XI	11	正義	力	欲望
XII	12	吊るされた男	吊るされた男	吊るされた男
XIII	13	死神	死神	死神
XIV	14	節制	節制	技(芸術)
XV	15	悪魔	悪魔	悪魔
XVI	16	塔	神の家(塔)	塔
XVII	17	星	星	星
XVIII	18	月	月	月
XIX	19	太陽	太陽	太陽
XX	20	審判	審判	永劫
XXI	21	世界	世界	宇宙

第3章

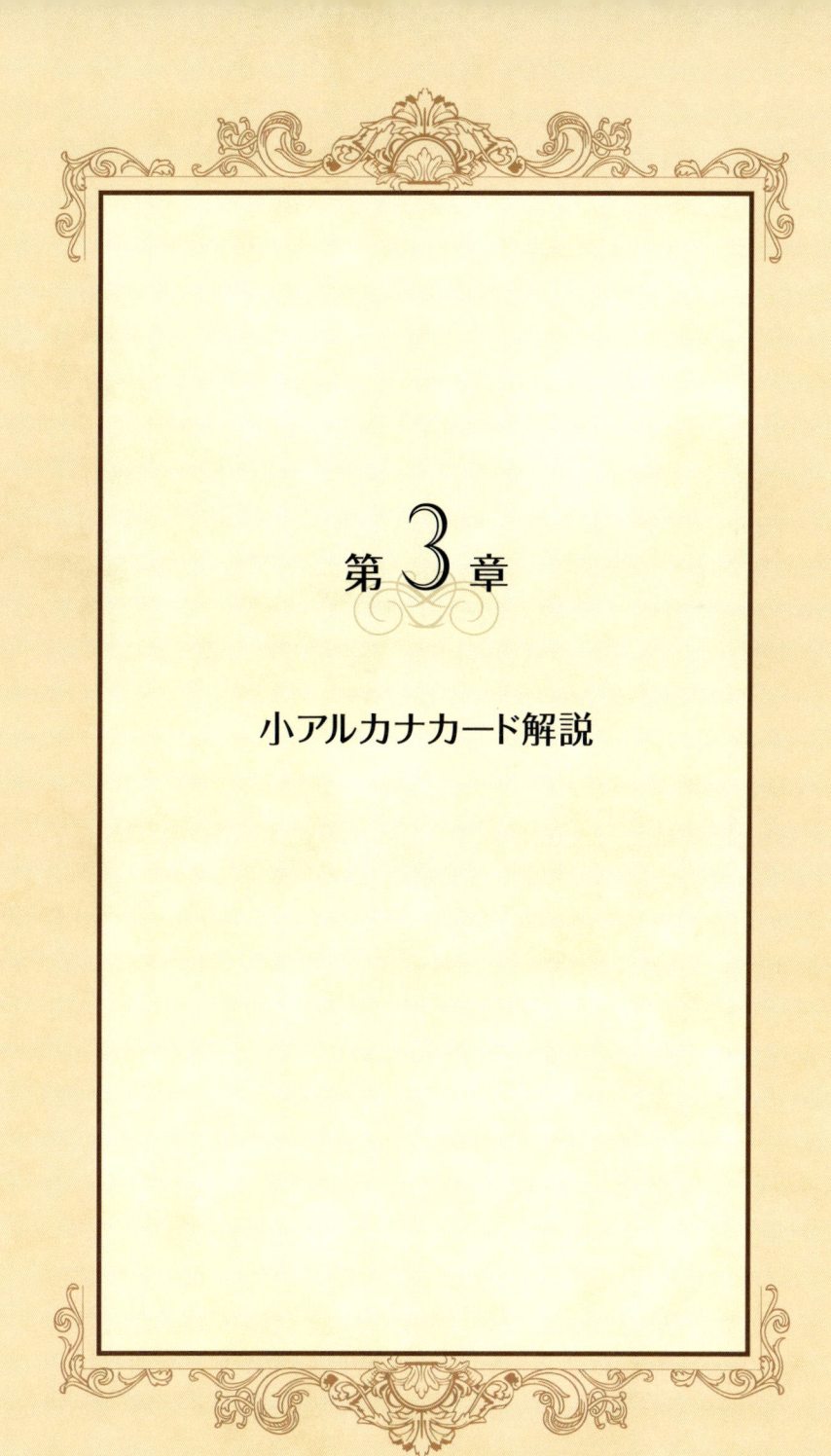

小アルカナカード解説

Minor Arcana

小アルカナとは……？

　大アルカナ22枚を除いた、残り56枚のカードが小アルカナです。英語ではMinor Arcana（マイナーアルカナ）と言います。小アルカナは、ワンド（こん棒）、ペンタクル（コイン）、ソード（剣）、カップ（杯）の4つのスートに分かれ、それぞれがエース〜10の数札と、ペイジ、ナイト、クイーン、キングという人物札からなっています。そのカード構成はトランプに似ていますが、実際、ルーツはトランプにあると言われています。ワンドはクラブ、ペンタクルはダイヤ、ソードはスペード、カップはハートに相当します。

　4つのスートは「火・地・風・水」という、万物を構成する四大元素（エレメント）に対応しています。

●WANDS　ワンド ……　火のエレメント

　こん棒や木の杖として描かれるワンドは、私たちの祖先がはじめて手にしたであろう最古の道具。有史以前から、火をおこす道具や、家屋などの支柱として活用され、また時には狩りや戦いの道具として、生命を守りつないでいく役割をになってきました。そのためワンドは、火のエレメントを司り、原初の力の象徴です。生命エネルギー、創造性、情熱、意思の力を表すとされます。

　生命力の象徴でもある火は、自然界にあらかじめ存在していたものではありません。火の発見は、人類の文明化への大きな一歩であり、歴史を変える偉大な発明なのです。同時に、無から有を生み出すような創造的な行動を意味するワンドには、無謀なチャレンジという意味もあります。

●PENTACLES　ペンタクル ……　地のエレメント

　コインの形で描かれるペンタクルは、物の価値を表す道具として生み出されたもの。お金のイメージに直結しやすいのですが、「価値を測る」という意味あいから、能力や経験、愛情など、相対的な価値によって測られるものも表します。

　貨幣や物の価値は変動するものですが、ペンタクルは地のエレメントの象徴で

あることから、豊かさや永続性、安定、不変、一族の繁栄といった意味も表します。

　古来、通貨としての役割をになったものには、石、塩、金、銀、銅など、自然界から豊富に生み出される資源が用いられました。ペンタクルが地のエレメントを司るのは、単純な豊かさという意味だけでなく、そうした大地から生み出される価値あるものが、根源的な豊かさを象徴するためかもしれません。

●SWORDS　ソード ⋯⋯ 風のエレメント

　ソード（剣）は、人類が文明化の過程で創意工夫によって手に入れた道具。自然界の素材がそのまま道具となったワンドと異なり、ソードは人間の進化や知性の象徴である、風のエレメントを司ります。自然界の素材を洗練させるという意味あいがあり、人智、言語、技術、文化などを象徴しています。

　火のアイデアが「無から有を生み出す」なら、風のアイデアは、すでにあるものを組み合わせ、洗練させるようなイメージ。また「思いは風に乗って届く」というように、言葉で伝える、コミュニケーションをとるという意味もあります。

　火が力によって人々を従える力なら、風は言葉や考え方によって、人々を納得させる力と言えるでしょう。では風は脆弱かというと、そうではありません。鋭い剣はこん棒よりも深い傷を残すように、知性や言葉は、使い方によっては諸刃の剣にもなるのです。

●CUPS　カップ ⋯⋯ 水のエレメント

　カップ（杯）は、古代から儀式に使用されたり、食事の道具として用いられてきました。杯になみなみと注がれた液体は、人の感情です。喜び、怒り、悲しみ、また他人へ惜しみなく注ぐ、無償の愛も⋯⋯。心が潤いにあふれ、孤独にかさついていない状態です。そのため、カップは恋愛や人間関係、家族関係における、心の通い合いや助け合い、深いかかわりなどを表します。同時に、この水は天から注がれた愛も表しています。天に愛されているという感覚は、自分自身を

85

Minor Arcana

愛することへもつながるでしょう。

　地のエレメントのペンタクルでは、社会的に認められた婚姻関係や、子孫へ受け継ぐもの、家を継ぐなどの意味あいが強まりますが、水のエレメントのカップでは、情的なかかわりの意味が強くなります。イマジネーションや神秘的な事柄も、カップの範疇になります。

スートカードとコートカード

　各スートは、「スートカード（ニューメラルカード）」と呼ばれる数札10枚と、「コートカード」と呼ばれる人物札4枚、計14枚で構成されています。

　スートカードは、ACE（エース）から始まり、10までの数で示されたカード。コートカードは、PAGE（ペイジ）、KNIGHT（ナイト）、QUEEN（クイーン）、KING（キング）の4人の人物が描かれ、別名「宮廷カード」とも言われます。

スートカード（ニューメラルカード）

● ACE（エース）

　スートカードの中でも、エースの扱いは特別です。大アルカナを天界、小アルカナを地上界とするならば、その間に立って、天の要素を地に降ろす役割を持つのが、このエースのカードと言えるでしょう。そのため、各スートのエレメントの性質が、もっとも原初的な形で表現されています。

● 2〜10

　エースで示された力を、どのように現実世界で発揮し、獲得していくのか……その道筋が、2〜10のカードに描かれています。ここでも数の意味が重要になってくるので、37ページを参照しながら、カードのイメージを広げてください。

コートカード（宮廷カード）

● PAGE（ペイジ）
「小姓」「従者」と訳されるカードです。そのスートにまつわる事柄について、何かが始まろうとしている、可能性あふれる状況を示すカードです。同時に、実際にはまだ何も始まっておらず、未熟であること、あるいは、まだ余裕がある状態とも言えるでしょう。「若者」や「未成年」を表すことも。

● KNIGHT（ナイト）
そのスートにまつわる事柄について、果敢に推し進めようとする姿勢、英雄的な側面を示すカードです。「社会人」を表すことも。

● QUEEN（クイーン）
そのスートにまつわる事柄についての、女性的・受容的側面、あるいは愛情豊かに育もうとしている状況を示すカードです。「年配の女性」を表すことも。

● KING（キング）
そのスートにまつわる事柄についての、男性的・積極的側面、あるいは何かをしっかり守ろうとしている状況を示すカードです。「年配の男性や権力者」を表すことも。

　大アルカナが、この世的ではないものや、象徴的な具象を表すのに対し、小アルカナは、地上的で具体的な世界と言えます。たとえばウェイト版を見ても、小アルカナのカードには、天使など架空の存在は描かれず、すべてこの世での人間の営みが描かれています。
　そのため、カードの意味も大アルカナに比べると、喜怒哀楽、人間らしい感情にあふれており、より現実的な側面をかいま見ることができるでしょう。
　小アルカナは、枚数が多いですが、78枚すべてを使うフルデッキで占いをすれば、より深みのある鑑定ができますし、具体的かつ日常的な問題を占う際には、ピンポイントの答えをくれるので、ぜひマスターしてください。

ワンドのエース
ACE OF WANDS

KEY WORDS　情　熱

Story このカードのストーリー

火のエレメントに対応するワンドの始まりである「エース」は、理想に燃え、無から有を生み出そうとする衝動を表します。いまだかつてないことをしようとする試みは、周囲からは無謀なチャレンジに見えるかもしれませんが、本人は気にしていません。思いのままに突き進む情熱を表すカードです。

ウェイト版　マルセイユ版

Card Reading このカードが出たら…

正位置
状況・運気／始まり、何かが生まれる、新たな挑戦
心理的状態／希望に燃える、失敗を恐れない
アドバイス／常識や固定観念に縛られないで！

　これまで自分を守っていた殻を破り、目指すものに向け、一歩を踏み出そうとしています。たとえ困難に思えても、今ならそれを達成できるはず。あれこれ考えるよりも、まずは始めてみましょう。結果は必ず、後からついてきますから、自分を信じて。

逆位置
状況・運気／行く手をふさがれる、モチベーションの低下
心理的状態／自信が揺らぐ、不安や不信感を抱く
アドバイス／周囲の意見に耳を傾けて！

　「やりたい」と思っていることに対し、異議を唱える人がいるかもしれません。周囲の理解を得られず、孤独を感じることも。強引に進めると裏目に出ます。あなたの計画には何か不備があるのかもしれません。一度退いて、態勢を整える必要があります。

恋愛
- 正：一目惚れする、恋の始まり、積極的にアプローチする、勢いに相手を巻き込む
- 逆：自分は愛されないのではないかという不安、欠点が目立つ、肩すかしの結果

対人関係
- 正：積極的な態度、新しい関係性が始まる、リーダーシップをとる、支持者が増える
- 逆：強引な態度で敵を作る、理解を得られない、孤立無援、人のアドバイスを聞くべき

仕事
- 正：革新的なアイデア、新しい事業を手がける、未知の分野への挑戦、バリバリ働く
- 逆：周囲の同意を得られない、計画に穴が見つかる、やる気の低下、自信を失う

お金・その他
- 正：新しい収入源、経済的に自立する、自分の能力で稼ぐ、右肩上がりの収入
- 逆：正当な対価が支払われない、見込みの甘さ、将来に対する漠然とした不安

ワンドの2
TWO OF WANDS

KEY WORDS　目標を設定する

Story　このカードのストーリー

「エース」の段階で心に宿った理想を、実現するための旅が始まりました。自分の城で、何かを思案している様子の主人公が描かれたこのカードは、理想のヴィジョンをより大きく膨らませ、自分の目的地はどこなのか、そしてそのために何をしたらいいのか、具体的に考えるプロセスを示しています。

ウェイト版　マルセイユ版

Card Reading　このカードが出たら…

正位置
状況・運気／物事が拡大・発展する、重大な決断
心理的状態／野心的、もっと成長したい
アドバイス／さらなる発展を目指し、夢を描いて!

パワーにあふれ、事を成しとげる力がある時です。あなたが叶えたい願い、それを実現させるために必要なものは何ですか？　次にとるべき行動は？　思い描いた夢はいずれ現実のものとなります。ここで決めた方向性が、未来を大きく左右するでしょう。

逆位置
状況・運気／足踏み状態、思いがけないトラブル
心理的状態／目指すべき方向が定まらずに迷う
アドバイス／逃げずにとことん考えて!

「本当にこの方向でいいのだろうか」という迷いがあり、思いきった行動がとれない時です。安易な結論に飛びつかず、熟考し、悩み抜くことが大切。期待したような状況ではないかもしれませんが、いつかこの経験にも、意味があったことがわかるはず。

恋愛
- 正：恋をしたい気持ちが高まる、理想のパートナー像を明確にする、関係性が深まっていく
- 逆：相手に落胆する、好きではない人とつき合う、求めていた結果ではない、トラブル

対人関係
- 正：周囲からの支持を得る、協力者が増える、自分の立ち位置を把握する、主導権を握る
- 逆：足を引っ張られる、束縛、苦手な人とつき合わなければいけない、孤立、不信感

仕事
- 正：高めの目標を設定する、新しいプロジェクトに着手する、努力が成果となって現れる
- 逆：計画を再考する必要がある、ハプニングが発生し騒然となる、予定通りに進まない

お金・その他
- 正：長期的な金銭プランを練る、貯蓄を始める、有力な支援者を得る
- 逆：思わぬ損失や散財、予想外の支出、疑いを抱く、欲しいものとは違うものを手にする

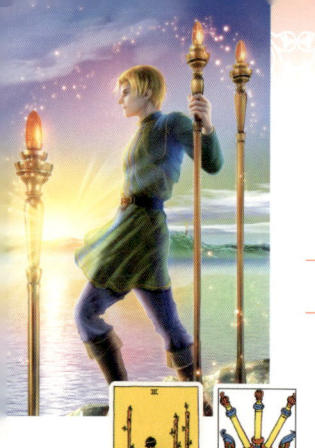

ワンドの３
THREE OF WANDS

KEY WORDS 実行に移す

Story このカードのストーリー

「２」で目標を見つけた主人公は、住み慣れた地を離れ、新たな挑戦を始めます。描かれていませんが、背後には多くの従者を従えているのでしょう。そのためリーダーシップを象徴するカードでもあります。高所から大海原を見渡していることから、状況を俯瞰して新たなアイデアを授かる暗示も。

ウェイト版　マルセイユ版

Card Reading このカードが出たら…

正位置
状況・運気／前途洋々、動くべきチャンスの到来
心理的状態／未知を恐れない、ひらめきが冴える
アドバイス／しがらみを断ち切り、新しいことを始めて！

現状にとどまるのはやめ、一歩踏み出すべき時。ここで行動を起こすのを躊躇すれば、手にするはずのものも、キャッチし損ねてしまうでしょう。あなたの信念が試されています。やらずに後悔するより、やって後悔したほうが何倍も得るものがあります。

逆位置
状況・運気／前進を妨げられる、一時停止
心理的状態／後ろ髪を引かれる思い、踏ん切りがつかない
アドバイス／気持ちを鼓舞し、思いきって飛び込んで！

進みたくても進めない、踏ん切りのつかない状況です。妨げているのは周囲の環境、またはあなた自身の心かも。飛び込み台の前で何度も逡巡するようなイメージです。腹をくくり、思いきって飛び出せば「恐れるほどではなかった」とわかるでしょう。

恋愛
正 千載一遇のチャンス、行動を起こす、話しかける、はじめて会うタイプの異性
逆 誘いたくても誘えない、迷い、過去の恋を思い出す、勇気が出ずライバルに先を越される

対人関係
正 リーダーシップを発揮する、大いに夢を語る、同じ理想を持つ同志、頼れるパートナー
逆 歯切れの悪い返答、消極的で優柔不断な人物、変化のない関係性、足を引っぱられる

仕事
正 転職や独立、新しいビジネスを始める、クリエイティブな才能、やりがいを感じる
逆 過去への後悔、実行に移せない、反対にあう、逃げ腰になってチャンスを逃す

お金・その他
正 お金になるアイデア、儲け話を持ちかけられる、旅行や学びに投資すると吉
逆 お金をかけるべきものを間違う、ムダな保険、資金不足のために何かができない

ワンドの4
FOUR OF WANDS

KEY WORDS　ひとときの安らぎ

Story　このカードのストーリー

　冒険の旅を始めた主人公は、どうやら一つの城にたどり着き、小休止の時間を与えられたようです。目指すゴールはまだ先ですが、人々の歓待や祝福を受け、ひとときの安らぎを得るでしょう。決して永続する幸福ではありませんが、一度立ち止まって英気を養うことで、見えてくるものがあるはずです。

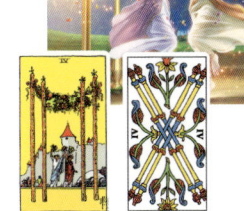

ウェイト版　マルセイユ版

Card Reading　このカードが出たら…

正位置
状況・運気／努力が報われる、助けの手が差し伸べられる
心理的状態／ホッとひと息つく、安心を得る
アドバイス／しっかり休息をとることが大切！

　これまで続けてきたことに、ある程度の結果が出たり、ダメだと思っていたことに希望の光が見えるなど、「よかった」と安堵するような出来事があるでしょう。一人で走り続けるのではなく、周囲の人と心通わせたり、心身をくつろがせることがテーマです。

逆位置
状況・運気／穏やかなひととき、思っていたほど悪くない
心理的状態／プレッシャーから解放される
アドバイス／事を荒立てるより、平和的な解決を！

　逆位置でも正位置と同様に、平穏なイメージのカードです。混乱した事態が収束し、安堵できるでしょう。懸念していたほど悪いことにはならないはずです。ただ行動を起こしたり、問題提起するようなパワーはないので、できるだけ平和的な解決を図って！

恋愛
- 正　関係進展のチャンス、始まったばかりの恋のときめき、ささやかな幸せ、デートを楽しむ
- 逆　劇的展開はないものの平穏な関係、誤解が解ける、パーティーなどを通じ関係が深まる

対人関係
- 正　助けの手が現れる、いい友人ができる、これまで支えてくれた人への感謝、和気あいあい
- 逆　自己主張よりも相手の言い分を聞いて受け入れる、丸く収まる、友人の助言にヒントが

仕事
- 正　仕事がひと段落する、一定の成果が出る、重い責務からの解放、職場仲間との交流
- 逆　計画は順調に進む、トラブルは解決へ向かう、心身の休養が急務、残業せずまっすぐ帰る

お金・その他
- 正　思いもよらぬ臨時収入、ギフトがもたらされる、リラックスにお金を使うと吉
- 逆　きちんと対価が支払われる、安定した収入、娯楽へのお金の使いすぎには注意

ワンドの5
FIVE OF WANDS

KEY WORDS　問題に立ち向かう

Story このカードのストーリー

休息を終えた主人公が、行く手を阻まれているようです。やりたいことを反対されたり、面倒な問題が浮上するかもしれません。必ずしもトラブルとは限らず、忙しい状況や自身の心の葛藤を表すことも……。その経験を通じ、情熱や信念がどれほどのものかが、試されていると言えます。

ウェイト版　マルセイユ版

Card Reading このカードが出たら…

正位置
状況・運気／混乱した状況、対立に巻き込まれる
心理的状態／プレッシャーを感じる、混乱する
アドバイス／ひるむことなく、ぶつかって!

不利な状況に追い込まれたり、理不尽な仕打ちを受けるかもしれません。「もうイヤだ」と思うかもしれませんが、あなたの情熱は、その程度のことでは失われないはず。人生すべてがスムーズにいくことはまれ。戦って勝ち得るしかないものもあるのです。

逆位置
状況・運気／事態が悪化する、問題が長引く
心理的状態／苦しみ、自信が揺らぐ、疲労困憊
アドバイス／奇跡を願うより、問題を一つずつ解決して!

正位置で示したような状況が、やや長引くかもしれません。歩みが止まり、トラブルの処理に追われることもあるでしょう。とりあえずは現状維持できればOKと考えて。カッとならず、冷静に対処すれば必ず、状況は沈静化していきます。

恋愛
- 正：ライバルの出現、周囲から関係を反対される、相手に好きな人がいることが発覚する
- 逆：相手と引き離される、会えない時間が長く続く、なかなか進展しない、気持ちの行き違い

対人関係
- 正：反対勢力が現れる、対立構造、信頼を裏切られる、面倒な問題が持ち込まれる
- 逆：内紛、協調性が求められる、時間をかけて説得する、仲間が離れていく、信頼を失う

仕事
- 正：一からやり直す、息つく間もない忙しさ、反対を押し切って進める、大幅な路線変更
- 逆：計画が頓挫する、まとまらない交渉、問題がなかなか解決しない、選択を誤る

お金・その他
- 正：予定した収入が入らない、予定外の大きな出費がある、信じていた相手に騙される
- 逆：不況の影響を受ける、収入源を失う、貯金を切り崩す、金銭トラブルに巻き込まれる

ワンドの6
SIX OF WANDS

KEY WORDS 　勝利をつかむ

Story このカードのストーリー

　争いを経て、ひと回りたくましくなった主人公が凱旋しています。華々しい勝利を象徴するカードですが、単純にライバルに勝つ、栄光をつかむといったことに限りません。己の信念を貫き、諦めなかったという勝利なのです。その結果、揺るぎない自信を勝ち得たことを、その表情が物語っています。

ウェイト版　　マルセイユ版

Card Reading このカードが出たら…

正位置
状況・運気／追い風、一気に進展、チャンスをつかむ
心理的状態／自分に自信を持つ、誇らしさ、晴れ晴れ
アドバイス／チャンスをしっかりとその手にして!

　逆境に耐えて努力を続けてきたことに、素晴らしいチャンスがやってきます。不利に見えた状況が一転し、すべてが報われるでしょう。周囲からの称賛を受けて誇らしい気持ちになるだけでなく、以前よりひと回りたくましく、賢くなった自分に気づけるはずる。

逆位置
状況・運気／逆風に見舞われる、ダメージを受ける
心理的状態／スランプに陥る、自己否定
アドバイス／最後まで諦めないことが大切!

　望み通りの結果が得られないことを示します。頑張ってきたことが評価されず、志半ばで何かを諦めなければならなかったり、裏切りや、ライバルの執拗な攻撃にあうことも……。でも、くじけてはいけません。最後まであがけば、必ず突破口が開けます。

恋愛
- **正**　両思いになる、好きな人を振り向かせる、ゴールインする、不安は解消する
- **逆**　ライバルに先を越される、聞きたくなかった知らせ、騙される、恐れが現実化する

対人関係
- **正**　頼りがいのある協力者、信頼できる上司や部下、成功者との交流、おごらない態度が大切
- **逆**　足元をすくわれる、膠着状態、ライバルに負ける、足を引っ張ろうと陰で画策する人物

仕事
- **正**　抜擢される、朗報が舞い込む、昇進や受賞など晴れがましい出来事、予想以上の成果
- **逆**　後輩に追い越される、成果を横取りされる、スランプに陥る、問題解決の兆しが見えない

お金・その他
- **正**　莫大な報酬、昇給や臨時ボーナス、予想以上の利益を得る、周囲におすそ分けする
- **逆**　経済的打撃、盗難や詐欺に注意、人の借金を肩代わりする、相次ぐ支出

ワンドの7
SEVEN OF WANDS

KEY WORDS 大事なものを守るために戦う

Story このカードのストーリー

　勝利を得た主人公が、自らの立場を守ろうとする段階です。皆より高い位置、つまり優位なポジションにいますが、下からの突き上げに抵抗しているさまは、油断していてはすぐに足元をすくわれることを暗示します。信念や大切なものを守るためには、周囲を納得させるべく、戦うのも必要なのです。

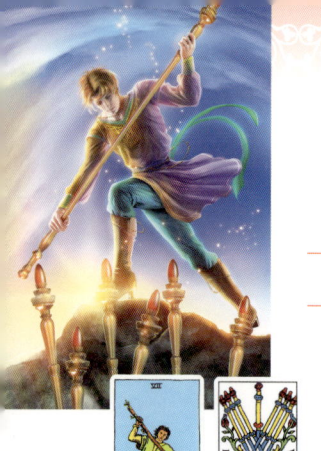

ウェイト版　マルセイユ版

Card Reading このカードが出たら…

正位置
状況・運気／着々と成功に向けて進む、障害を取り除く
心理的状態／慌ただしい、慎重になる
アドバイス／敵を作らないよう、うまく立ち回ること！

　逆境に見えても、あなたが有利です。このまま進めば、必ず満足な結果を得るでしょう。受け身に回ると一気にスキを突かれるので、積極的に自己主張を。とはいえ、強引に押し切るのではなく、一つひとつ説得し理解を得て、敵を作らないことが大切です。

逆位置
状況・運気／もがけばもがくほど事態が悪化する
心理的状態／弱気になる、どうしていいかわからない
アドバイス／いちど仕切り直して、やり方を変えて！

　攻撃や逆風を受けて、状況は劣勢です。物事が難航し、不利な立場に立たされ「もう無理……」と気弱になってしまうかもしれません。ですがあなたが奮起し「まだやれる」と思い続ける限り、必ず状況が一転し、有利な展開がやってくるはずです。

恋愛
- 正：大事な人を守る、恋の反対者の説得にあたる、しっかりと自分の思いを告げる
- 逆：意中の人が奪われる、泥沼化する、墓穴を掘る、葛藤が消えない、恋を諦めそうになる

対人関係
- 正：約束事は念押しを、リーダー的存在になる、周囲からの支持を得る、味方を作るべき
- 逆：自分の非を責められる、孤立無援、大切なものを守れない、しがらみに縛られる

仕事
- 正：ピンチをチャンスに変える、立場を利用する、上司や顧客を説得する、堂々と振る舞う
- 逆：難題が押し寄せる、不安要素を取り除くべき、交渉決裂、左遷や降格、下からの突き上げ

お金・その他
- 正：不測の事態に備えてお金をためる、後輩におごる、自分の権利を主張する
- 逆：不利な条件を押しつけられる、労力の割に対価が少ない、ストレスからの散財や過食

ワンドの8
EIGHT OF WANDS

KEY WORDS　**急速な展開**

Story　このカードのストーリー

　人物が描かれていないこのカードは、人智の及ばない事象を表しています。また、斜めに飛んだ8本のワンドは、物事が急速に進展していくことを暗示。このカードが出た時は、目に見えない力が働き、一気に状況が動く可能性があります。それによって物事が大きく広がり、発展していくでしょう。

ウェイト版　マルセイユ版

Card Reading　このカードが出たら…

正位置
状況・運気／いい方向へ急展開、大成功のチャンス
心理的状態／不安や懸念が解消する、大事なことに気づく
アドバイス／動き出す状況に備えて、心の準備を!

　急な知らせが舞い込むかもしれません。それはあなたが待ち望んでいた朗報である可能性が大。膠着した状況にやきもきしていたかもしれませんが、一気に成功に手が届くでしょう。その際、自分の背後でサポートしてくれた人への感謝を忘れないように。

逆位置
状況・運気／運の波に乗れない、目標を見失う
心理的状態／寂しさや不安を感じている、がっかりする
アドバイス／冷静になれば、打開策が見つかるはず!

　あと一歩、というところでチャンスに恵まれず、天が味方をしてくれていないと感じることも……。でもそんなことはありません。その試練を経験することにも、何らかの意味があるのです。今が「その時」ではないだけなので、じっと時を待ちましょう。

恋愛
- **正** 劇的かつ運命的な出会い、告白のチャンス、膠着していた関係が前進する、愛に包まれる
- **逆** 出会いのチャンスに恵まれない、婚期ではない、別れや決別、別れた相手を思い出す

対人関係
- **正** チームワークがうまくいく、身近でサポートしてくれる人に感謝を、謙虚さが大切
- **逆** 誰も助けてくれない、意志疎通がうまくいかない、仲が良かった人とぎくしゃくする

仕事
- **正** 突然の辞令や異動、条件がそろい動き出す、即断即決がカギ、重要な情報を手に入れる
- **逆** タイミングが悪い、いま出すべきでない商品、時代遅れ、データを洗い直す必要あり

お金・その他
- **正** 思わぬ臨時収入、ギャンブルは勝算あり、お金にまつわる不安が消えるような出来事
- **逆** 物質面で満たされない思い、儲け話がふいになる、収入が落ちる、ギャンブルは望み薄

ワンドの9
NINE OF WANDS

KEY WORDS　抜かりがない

Story　このカードのストーリー

「9」は物事の完成の数であり、ワンドの旅における「最後の戦い」を意味しています。これまでに勝ち得たものを守るべく、身構えている主人公……その表情は、油断ならない状態であることを示しています。もうひと頑張り、粘りを見せて、最後まで気を抜かずに、取り組む姿勢が大事です。

ウェイト版　マルセイユ版

Card Reading　このカードが出たら…

正位置
状況・運気／最終局面、結果を待つ状態
心理的状態／湧き上がる疑いや不安、そわそわ落ち着かない
アドバイス／「なるようになれ」と覚悟を決めて！

恐れや不安……目の前には、数々の懸念が横たわっているかもしれません。でも今の自分が持てる力を出し切った、という自信があるなら、あなたはきっとこの最後の戦いに勝利するでしょう。「人事を尽くして天命を待つ」の心境で、結果を待ちましょう。

逆位置
状況・運気／妨害や試練、あと一歩のところで失う
心理的状態／すべてを投げ出したい気分、諦めの心境、頑（かたく）なさ
アドバイス／もういちど気持ちを奮い立たせて！

抱いている不安が現実のものになり、大事なものを奪われてしまうかもしれません。その結果「もうなすすべがない」と虚無感に襲われることも……。ですがここで投げ出してはすべて水の泡。もういちど自分を信じることができれば、必ず救いがあります。

恋愛
- 正：粘り勝ち、思いが実る、ライバルの動きに警戒する、後悔のないようベストを尽くす
- 逆：ネガティブな妄想が広がる、不安が的中する、恋に破れる、再度アプローチする

対人関係
- 正：気まずい相手と和解する、警戒心の強い人物、信頼できない人には近づかない
- 逆：スキを突かれる、敵が接近中、過度な防衛本能、頑なな人物、アドバイスを聞き入れるべき

仕事
- 正：成功まであと一歩、ささいなミスも許されない、最悪の事態に備え最後まで気を抜かない
- 逆：不利な状況、確かのない成功、覚悟を決める、緊張の糸が切れる、詰めの甘さで失敗

お金・その他
- 正：見合った報酬を得る、財産を守り抜く、貯金する、資産を殖やす、契約書をよく読む
- 逆：財産を奪われる恐れ、手応えがない、稼ぐ気力がうせる、一時の気の迷いで大散財

ワンドの10
TEN OF WANDS

KEY WORDS　**努力は続く**

Story　このカードのストーリー

　ワンドの旅の到着地点……しかし彼は、ここから次なる戦いに向かうよう。最初と違うのは、彼には守るべきものがあること。何かを得れば、何かを失うこともあります。大事なものを守る責任、また奪われるかもしれないという不安や緊迫感との戦い……そうしたものに立ち向かっていくのでしょう。

ウェイト版　マルセイユ版

Card Reading　このカードが出たら…

正位置
状況・運気／終わりと始まり、何かを得たがゆえの責任を負う
心理的状態／重圧に立ち向かう、決して諦めない気持ち
アドバイス／時間と労力をかけて、じっくり取り組んで!

　一難去ってまた一難、という状況かもしれません。「本当にこれでよかったのだろうか」と悩むことも……。ですが、目の前にある問題は、あなたが成長したからこそ存在するもの。さらなる高みを目指すなら、それらを一つずつクリアしていきましょう。

逆位置
状況・運気／問題が長引く、断念と挫折
心理的状態／先が見えない不安、心身が疲弊している
アドバイス／環境をリセットする必要あり!

　目の前には、課題が山積みかもしれません。誰かの策略にはめられたり、あれこれ引き受けすぎて重圧に耐えかねたり、過度なストレスで心身の調子を崩すことも……。いちど仕切り直しが必要です。すべてを手放し、まっさらな気持ちで始めましょう。

恋愛
- 正：両思いや結婚のその先にあるもの、新しい問題に直面する、相手の意外な一面を見る
- 逆：混沌とした状況、報われない思い、見込みのない長い片思い、偽りの愛

対人関係
- 正：粘り強くわかり合う努力をする、もういちど説得を試みる、会話を重ねる
- 逆：人のために力を尽くしすぎる、親切心につけこまれる、誰かに振り回される

仕事
- 正：目標の達成、成功と引き換えに何かを失う、一から学び直す、強すぎる責任感
- 逆：目が回る忙しさ、能力以上の仕事を引き受ける、労力の割に利益が上がらない、意欲低下

お金・その他
- 正：成功報酬を得る、骨折り損のくたびれ儲け、退職手当を得る、給与アップを打診する
- 逆：誰かの借金を肩代わりする、お金を貸す、債務超過に陥る、医療費が増える

ワンドのペイジ
PAGE OF WANDS

KEY WORDS 進むべき道を選ぶ

Story このカードのストーリー

1本のワンドを手にし、荒野に立つ青年。未知なる土地に一歩踏み出して、これから何かを成しとげようとしています。今はまだ実力も経験もないものの、「やってやろう」という意欲に満ちあふれています。粗削りだけれど、キラリと光る何かを持っている……若さと可能性を感じさせるカードです。

ウェイト版　マルセイユ版

Card Reading このカードが出たら…

正位置
状況・運気／あらゆる可能性がある、進路を決める
心理的状態／希望にあふれる、自由になりたい、楽天的
アドバイス／勇気を出して、未知の世界へ飛び込んで!

目の前に、舗装された道はありません。これからあなた自身が、進むべき方向を定め、道を切り開いていかねばならないのです。どこへ進むかはあなた次第。今ここでイメージしたものが、そのままあなたの未来になります。未経験のことほど幸運です。

逆位置
状況・運気／周囲からの妨害を受ける、不安定な立場
心理的状態／優柔不断、自分で決められない、気が散る
アドバイス／人任せにせず、自分で決める!

正位置に対し、葛藤や意志薄弱さがクローズアップされます。情報に振り回され、道を選べなかったり、周囲からの重圧で、踏み出す勇気が出ないことも。信頼すべきは、あなたの胸に灯る情熱。「やりたい」と感じることが、正しい道を指し示します。

恋愛
- 正：新しい恋の始まり、ときめき、理想的な出会い、これまで好きになった人とは違うタイプ
- 逆：本命が定まらない、恋人を選ぼうとしている、近づく勇気が出ない、邪魔が入る

対人関係
- 正：憧れの人物が現れる、友人からいい刺激を受ける、有益な人脈に恵まれる、幸運な出会い
- 逆：第三者の余計な助言、過度な期待に押しつぶされる、親の横やり、可能性の芽を摘まれる

仕事
- 正：前代未聞のプラン、アイデアがひらめく、将来有望、才能の開花、創作意欲が湧く
- 逆：創作意欲が減退、スランプ、志望先が見つからない、望みとは違う進路

お金・その他
- 正：棚ボタ的な臨時収入、新しい趣味を始める、いつもとは違う道を通る、旅に出る
- 逆：心もとない資金、援助を得られない、マンネリな生活習慣、逃げ出したい気分

ワンドのナイト
KNIGHT OF WANDS

KEY WORDS　出陣する

Story　このカードのストーリー

　馬にまたがり、出陣の時を迎えた勇猛な騎士。情熱を胸に、欲しいものを獲得するための挑戦が始まりました。引き返すことはできません。自信に満ちあふれた表情は、勝利を得た時の誇らしさを、想像しているかのよう。人物で言えばパワフルで血気盛んな青年ですが、時に空回りすることも。

ウェイト版 　マルセイユ版

Card Reading　このカードが出たら…

正位置
状況・運気／前に進む、人生上の転機を迎える
心理的状態／自信にあふれる、恐れを知らない
アドバイス／今すぐ行動に移して！

　人生には、戦ってしか得られないものがあることに気づいたようです。じっとしていて与えられるのは、本意ではないものばかり。退路を断ち、保険をかけたり安全策を練るのはやめて。本当に望みのものを手に入れるには、ただ前に進むしかありません。

逆位置
状況・運気／足止めを食う、もがくほどに泥沼化
心理的状態／焦ってイライラする、精神的疲弊
アドバイス／無理に推し進めると、後で問題に！

　次々と問題が浮上し、行く手を阻まれるかもしれません。いっこうに前に進まず、足止めを食っているような感覚にイライラしたり、諦めそうになることも……。とりあえず今は、いちど退いて状況を見極めて。ムダにあがいてエネルギーを浪費しないように。

恋愛
正　運命のパートナーの出現、愛する人を手に入れる、大胆なアプローチ、たくましい男性
逆　過去の恋人の問題、関係が一時的に悪化する、心の扉が開かない、頼りがいのない男性

対人関係
正　生産的な話し合い、他者への影響力が大きい、ぶつかることで仲が深まる、本音を言う
逆　話し合いが決裂、仲たがい、イライラさせられる人物、ライバルに先を越される

仕事
正　プランに着手する、安全策より冒険を、勝負をかける、有利な展開になる、出世する
逆　無謀な計画、なかなか前に進まない、成果が上がらない、ストップがかかる

お金・その他
正　予測以上の利益、キャリアアップに投資、欲しかったものを手に入れる、バーゲンセール
逆　欲しかったものは手に入らない、金銭トラブル、疲労がたまる、うぬぼれた態度

ワンドのクイーン
QUEEN OF WANDS

KEY WORDS　芯の強さ

Story　このカードのストーリー

ひまわりを手にしていることからもわかる通り、火（太陽）の女王は周囲を照らす光のような存在。クイーンは母性的側面を表しますが、見守り育む強さというより、ピンチの時には何としても子を守ろうとする「女の底力」のイメージ。人物で言えば朗らかで頼りがいがある、パワフルな女性です。

ウェイト版　マルセイユ版

Card Reading　このカードが出たら…

正位置
状況・運気／成功を目前にする、一発逆転の可能性大
心理的状態／まっすぐに信じる、諦めない、勝利を確信
アドバイス／最終的に信じるべきは、自分自身！

自信を失っていることがあるとしても、決して信念を曲げてはいけません。あなたの考えが日の目を見る時が必ず来るので、ここで諦めないように。ピンチの時こそ、底知れぬ力が湧いてきます。人生におけるハレの瞬間が、もうすぐそばまで来ています。

逆位置
状況・運気／他人を利用する、敵を作る、孤立する
心理的状態／わがまま、嫉妬、疑いの心
アドバイス／ネガティブな感情に、心を明け渡さないで！

逆位置になると、過剰な強さが裏目に出ます。意見をゴリ押しして他人を振り回したり、嫉妬心から相手を試したり、性的魅力を武器に何かを得ようとすることも……。過剰な攻撃性は、自信のなさの裏返し。それで得られるものは何一つありません。

恋愛
- **正** 諦めかけていた恋に光明、女性側がリードすることで関係が発展、相手に尽くす、モテる
- **逆** 浮気心、強引に相手をモノにしようとする、体の関係を求める、恋人のいる相手を奪う

対人関係
- **正** 明るく朗らか、楽観的な態度が好感をもたれる、姐御肌の女性、悩みを相談する
- **逆** 敵が増える、場で浮いてしまう、裏表のある人物、過度な自己主張がひんしゅくを買う

仕事
- **正** 順調に進行して成果が、転職や独立が成功する、起死回生の大逆転、最後まで妥協しない
- **逆** 策が裏目に出る、自己過信による失敗、反旗を翻される、恋と仕事を混同する

お金・その他
- **正** 満ち足りた経済状態、持っているものを分け与える、セックスアピール、魅力が高まる
- **逆** 赤字、装飾品にお金を使いすぎる、裏金を渡す、物で釣ろうとする、見えっ張り

ワンドのキング
KING OF WANDS

KEY WORDS 理想の実現

Story このカードのストーリー

玉座に腰を下ろしながらも、まなざしは遠い地平へと向けている王。その心には早くも「次なる理想を実現したい」という情熱が灯っているのかもしれません。多くの臣下を従え、国民を守る責務を負った彼は、豊富な経験と強靭（きょうじん）な精神力、そして決断力を生かし、国を統括しているのです。

ウェイト版　　マルセイユ版

Card Reading このカードが出たら…

正位置
状況・運気／勢いがぐんぐん増す、展望が開ける
心理的状態／困難を恐れない、勇気を奮い立たせる
アドバイス／自分自身が、自分の一番の理解者！

たとえ周囲の理解を得られなくても、自分がやりたいこと、欲しいものに向けて動くべき時。あなたの熱意に、次第に周囲は巻き込まれ、次々と力を貸してくれるようになるでしょう。それだけあなたの胸に宿っているヴィジョンは尊く、価値あるものなのです。

逆位置
状況・運気／尻すぼみ、現状を維持できない
心理的状態／トップならではの孤独、疲労感
アドバイス／時には休み、リラックスすることも大切！

誰にも相談できない孤独を感じているかもしれません。多くの任務に追われ、疲労困憊していることも……。まさに情熱の炎が消えかけている状態ですが、あなたが「もういいや」と自ら炎を吹き消してしまわない限り、必ず燃え上がらせることができます。

恋愛
- 正　肉食系恋愛、望みの相手を手に入れる、一気に深い関係になる、まっすぐに思いを伝える
- 逆　恋愛どころではない、恋する気が起きない、恋が面倒になっている、過去の恋のトラウマ

対人関係
- 正　多くの人の心をつかむ、後進を指導、重要な出会い、尊敬を集める、力強く頼もしい男性
- 逆　過干渉、頼りにならない上司や部下、顔色をうかがう、どうせわかり合えないという諦め

仕事
- 正　オリジナリティーを追求する、拡大路線、大成功を収める、権威ある年長者の援助
- 逆　本当の目的を見失う、妥協する、仕事に忙殺される、権力を失う、決断力のなさ

お金・その他
- 正　手堅い収入、親のサポート、精力旺盛でパワフル、インドアよりアウトドア
- 逆　徐々に下がる収入、労力の割に成果が少ない、フルパワーではない、生活習慣を改める

ペンタクルのエース
ACE OF PENTACLES

KEY WORDS　確かな手応え

ウェイト版　マルセイユ版

Story　このカードのストーリー

豊かさを象徴するペンタクルの始まりである「エース」は、物心両面において充足した自らの王国を築きたい、そんな現世的な願望が表現されています。仕事での成功と名誉、周囲からの信頼、家庭を築くこと、子孫を残すこと……。必要なスキルの習得や、チャンスの到来を予感させるカードです。

Card Reading　このカードが出たら…

正位置
状況・運気／幸運な出来事、これまでの成果が出る
心理的状態／喜びに満ち足りている、手応えを得る
アドバイス／ヴィジョンを具体的な形にして!

これまでの努力が実り、周囲からの評価を受ける暗示です。新しいことを手がけようとしているなら、恵まれたスタートを切り、今後大きく発展していくでしょう。思い描いている夢があるなら、具体的なプランに落とし込むと、いずれそれが現実になります。

逆位置
状況・運気／閉塞した環境、先が見えない
心理的状態／目先の利益にとらわれる、固定観念に縛られる
アドバイス／じっと耐えて、チャンスを待って!

期待したほどの成果が上がらず、落胆するかもしれません。あなた自身「これはもう無理だろうな……」という諦めが心のどこかにあるのでは? でも新しい方向性を模索し、再トライすれば、もう一度チャンスが訪れます。今は時が来るのを待ちましょう。

恋愛
- 正：長年の片思いが実る、関係が一歩前進する、会話が弾む、趣味を通じて親しくなる
- 逆：期待外れの展開、諦めの気持ち、手づまり、相手のリアクションがない

対人関係
- 正：実りある人間関係、サポーターが現れる、人の紹介からいいチャンスが訪れる
- 逆：信頼を失う、誰の支援も得られない、マンネリでなあなあムード

仕事
- 正：出だし好調、成果が出始める、支援者が現れる、才能を買われる
- 逆：予想を下回る結果や反響、タイミングの悪さ、大勢を見誤る、才能を発揮できない

お金・その他
- 正：資産が増加する、思いがけないギフトがある、いい儲け話が舞い込む
- 逆：問題をお金で解決する、条件が合わない、利益がほとんどない、収入に結びつかない

ペンタクルの2
TWO OF PENTACLES

KEY WORDS　未知・バランス感覚

Story　このカードのストーリー

「エース」からスタートした豊かさを得るための道で、受容を表す「2」のカードは、生まれ持った才能を生かす段階です。ただ「これからどうしようか」という様子見で、実行に移す段階ではないよう。背後の荒波は、迫りくる困難を暗示しますが、本人はそれに気づかず、楽観的なことを示します。

ウェイト版　マルセイユ版

Card Reading　このカードが出たら…

正位置
状況・運気／現状をキープする、決め手に欠ける
心理的状態／何かを選び取ろうとする、精神的余裕がある
アドバイス／冒険よりも安全策をとって！

才能や人脈など、手持ちの駒をうまく活用し、臨機応変に対応することで利益を得られます。特に物事をまとめたり、バランスをとって采配を振る能力があります。やや守りの意識が強く、事を起こすパワーはないため、足場固めに力を入れるといい時期。

逆位置
状況・運気／モヤモヤしてパッとしない、空回り
心理的状態／自分を持て余す、行き場のないパワー
アドバイス／リスキーな行動は避けて！

やりたいことはあっても、エネルギーの向けどころがない状態です。焦ってやみくもに行動を起こしても、うまくいかないでしょう。2つのペンタクルは、選択肢を前に決めかねている状態も示します。どちらもいま一つなら、あえて選ばないという選択も。

恋愛
- 正：今あるものの良さに気づく、冒険よりも守りが吉、人づてに接近する、告白の返事は保留
- 逆：板挟みの状況、焦りばかりが募る、微妙な相手とつき合ってしまう、空回りのアプローチ

対人関係
- 正：のびのびと本音でつき合える友人、場のまとめ役になる、友人と友人を引き合わせる
- 逆：なあなあ状態、将来性のない関係、もっと自分を向上させてくれる友人を求めている

仕事
- 正：意外な才能が開花、スキルを認められる場面がある、新規より現状を固める、柔軟な対応
- 逆：やりがいのある仕事を任せてもらえない、憧れる上司がいない、いま一つのアイデア

お金・その他
- 正：やりくりする、才能をお金に換える、リラックスやレジャー、グルメにお金を使う
- 逆：うまく自己管理できずに散財してしまう、リスクの大きい投資に手を出す

ペンタクルの3
THREE OF PENTACLES

KEY WORDS 進歩

ウェイト版　マルセイユ版

Story このカードのストーリー

「2」のカードで自らの才能を発見した青年が、ここでは一段高いところから、人々に何か説明をする立場になっているようです。何の実績もなかった状態から一歩前進し、何らかの「形」となることを表しています。また自らのスキルを磨き、何か一つ、手応えや自信を得た時に現れるカードです。

Card Reading このカードが出たら…

正位置
- 状況・運気／プロジェクトの成功、才能の発揮
- 心理的状態／自信や手応えを感じる、満足する
- アドバイス／小さな成功体験を積み重ねて！

「成功」といっても、他人に称賛されるというよりも、「このやり方でいいんだ」と自分自身で手応えが得られるようなイメージのカードです。でも本当の成功は一足飛びに得られるものではなく、こうした小さな成功の積み重ねによるものなのです。

逆位置
- 状況・運気／予想を下回る結果、不満足
- 心理的状態／実力が十分に発揮できない、期待外れ
- アドバイス／力の出し惜しみはしないで！

自分が思ったような反応が得られないようです。あなた自身、「力を十分に出し切れなかった」と自覚しているのでは？　また、まだコツをつかめていない、練習が足りない、ということも。成長の余地はあるので、今の結果にめげないことです。

恋愛
- 正：アプローチが成功する、心が通い始める、二人きりで会う、趣味や仕事を通じて進展
- 逆：みすみすチャンスを逃す、期待外れのリアクション、うまく話せない、警戒されている

対人関係
- 正：相手が心を開いて打ち解ける、心の距離が近づく、話術に自信がつく、ほめられる
- 逆：楽なほうへ逃げようとする、半信半疑、言えなかったことへの後悔、優柔不断

仕事
- 正：プロジェクトや試験の成功、専門的スキルの向上、後輩に何かを教える、プレゼンする
- 逆：手抜きが目立つ仕事、未熟さが露呈する、実力不足、いま一つの結果に落胆する

お金・その他
- 正：努力しただけの報酬を得る、臨時ボーナス、スキルアップに投資する
- 逆：期待したほどの見返りがない、骨折り損に終わる、予定額を下回る収入、散財する

ペンタクルの4
FOUR OF PENTACLES

KEY WORDS　**所有する**

Story　このカードのストーリー

　両手と両足の下にしっかりとコインを抱えている図からもわかる通り、「3」で成功を体験した主人公が、それを守ろうとしています。「所有」の意味が強く、お金に限らず、愛する人との関係や現在の地位、生活など、築いてきたものをしっかり維持することに、意識が向いているカードです。

ウェイト版　マルセイユ版

Card Reading　このカードが出たら…

正位置
状況・運気／安定感がある、現状を維持
心理的状態／今あるものを守りたい、物心ともに満たされる
アドバイス／大切なものを手放さないように！

　物心両面において満たされた状態です。そのため新たな冒険をする気はありませんが、それが本当に現状に満足しているからなのか、得たものを失うことに対する恐れなのかは見極めが必要。権利を守るという意味から、取引や婚姻関係の締結も表します。

逆位置
状況・運気／立場が揺らぐ、大切なものを失う
心理的状態／過剰な自己防衛、欲による失敗
アドバイス／本当に大切なものを見極めて！

　自分の立場やお金、所有するものを守りたいという気持ちが暴走し、過度な自己防衛に走ることを表します。それが裏目に出て、守りたいものを守り切れずに、手放してしまうことも……。見込み違いによって、不満足な結果に終わることも暗示します。

恋愛
- 正：相手を自分のものにする、婚約や結婚など関係が公に認められる、思い出を反すうする
- 逆：独占欲で相手を縛る、相手の行動を制限する、頑なな態度、相手に逃げられる

対人関係
- 正：自分の居場所を見つける、アットホームで穏やかな関係、仲間を守ろうとする
- 逆：新しい人を拒絶する、親しい人ばかりと固まる、意固地な態度で周囲からの評判が下がる

仕事
- 正：十分な成果を上げる、確固たる地位や肩書を得る、安定した職場環境、いい部下を得る
- 逆：損失を出す、肩書に固執する、地位を追われる、考え方が固定観念に縛られている

お金・その他
- 正：安定収入の道を得る、蓄える、財テクへの関心、衣食住が満たされている
- 逆：アテが外れる、財産を手放す、ケチと思われる、過度な節約生活、予想外の支出

ペンタクルの5
FIVE OF PENTACLES

KEY WORDS 喪失感

Story このカードのストーリー

「4」で得たものをすべて失ったのか……主人公は路頭に迷うことになったようです。不安定な生活、過度なストレスなど、見るからに厳しい状況のカードです。ただし、必ずしも経済的な貧しさを表すわけではなく、心の貧しさや「誰も頼れる人がいない」という孤独感を表していることもあります。

ウェイト版　マルセイユ版

Card Reading このカードが出たら…

正位置
状況・運気／経済的・精神的な行き詰まり
心理的状態／ストレス過多、自信を失う
アドバイス／価値観をガラリと変える必要あり！

今までのやり方が通用しなくなったり、大事にしてきたものが価値を失ったり……。自分を否定されるような体験をし、自信を喪失しているでしょう。心身の疲弊が激しいので、まずは休養を。現状を別の角度から見つめ直す、心の余裕が生まれるはず。

逆位置
状況・運気／逆境の中に一筋の光明、転機
心理的状態／魂の目的に気づく、一念発起する
アドバイス／最後まで投げ出さず、救いを信じて！

背後のステンドグラスに焦点が当たります。これは高次の精神性や、理想の幸福像の象徴。逆境を経験することで、見過ごしていたものの価値に気づく時。正位置は悩みの真っただ中ですが、逆位置では「でもやり直すしかない」と決意が固まりつつあります。

恋愛
- 正：打つ手がない、相手から拒絶される、浮気や裏切りが発覚する、望む愛が得られない
- 逆：本当に好きな人が誰かわかる、見過ごしていた愛に気づく、思いを断ち切り再スタート

対人関係
- 正：孤立無援、誰の助けも得られない、誰にも心を開けない、嘲笑される、冷え切った家庭
- 逆：本当に信頼できる人が誰かわかる、理想の家庭を思い描く、親に感謝の気持ちを伝える

仕事
- 正：職を失う、望まない異動、スランプ、古い方法に固執する、働きすぎで判断力が低下
- 逆：今の仕事に嫌気がさす、転職を考える、やり方を変えてもう一度挑戦する、盲点に気づく

お金・その他
- 正：ひもじい思いをする、窮乏状態、誰にもお金を貸してもらえない、借金をする
- 逆：最後の最後で助けの手が差し伸べられる、お金の価値やありがたみを知る

ペンタクルの6
SIX OF PENTACLES

KEY WORDS **価値あるもの**

Story このカードのストーリー

孤独にさまよっていた主人公は、そこで得た学びを生かす段階にいます。与える人と受け取る人が描かれたこのカードは、相互関係の大切さを説いています。状況によって自分がどちらの立場であるとも解釈できるでしょう。お金のやり取りに限らず、知恵や労力など有形無形のサポートを表します。

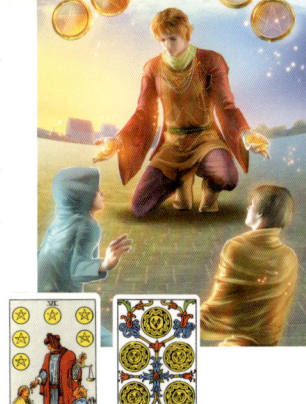

ウェイト版　マルセイユ版

Card Reading このカードが出たら…

正位置
状況・運気／支援を受ける、支援する
心理的状態／満足する、慈愛に満ちている
アドバイス／人のためになることをして!

これまで孤軍奮闘していた状況に、助けの手が差し伸べられそうです。そのことを通じ、「必要なものは、すべからく与えられるのだ」という世の理(ことわり)に気づくでしょう。同様にあなたも困っている人をサポートすることで、より多くの恵みを手にできるはず。

逆位置
状況・運気／十分な見返りがない、不成立
心理的状態／欠乏感を抱く、自分さえよければいい
アドバイス／最悪の事態に備えて! 楽観は禁物

与え、受け取るという相互関係のバランスが、崩れた状況を示します。契約が成立しない、十分な対価が支払われないなど、不満足な結果に終わりやすいでしょう。また、「自分さえ得すればいい」という保身に走ると、手痛いしっぺ返しがあることも。

恋愛
正 惜しみない愛を注ぐ、相手からの喜ばしいリアクション、不思議とモテ始める
逆 尽くし(尽くされ)すぎる、破談する、裏切られる、愛情表現の不足、貢ぐ、ヒモ状態

対人関係
正 人を助ける、寛大かつ親切な態度、互いに教え合える関係性、相談に乗る、感謝を伝える
逆 見せかけの人物、連携がとれない、気配り不足、「言わなくてもわかるはず」と思い込む

仕事
正 支援者が現れる、願ってもないチャンスが訪れる、ベストなタイミング、意見が通る
逆 双方の条件が一致しない、契約の不成立、報告や連絡を怠る、了承を得ず独断で進める

お金・その他
正 与えることで恵みがやってくる、プレゼントをする(される)、貸していたお金が戻ってくる
逆 見込みが外れる、我欲に走る、サービス残業が増える、お金をちょろまかす、支払い遅延

ペンタクルの7
SEVEN OF PENTACLES

KEY WORDS　思案する

Story　このカードのストーリー

主人公がこれまで一心に取り組んできたことに、何らかの結果が出たようです。その結果に対し、自分なりに評価を下し、次の一手を考える段階です。理想と現実のギャップを目の当たりにし、苦悩することもあるかもしれませんが、ここでしっかりと向き合うことが、今後のために不可欠です。

ウェイト版　マルセイユ版

Card Reading　このカードが出たら…

正位置
状況・運気／ひとまず結果が出る、理想にほど遠い現実
心理的状態／マイナス面ばかりに目が向く、納得いかない
アドバイス／足りないものより、得たものに目を向けて！

期待していたほどの収穫が得られなかったり、本当に求めていたことはこれだったのか疑問が湧いたり……。迷いがあるかもしれませんが、「自分は間違っていた」と落ち込まないように。まずは、これまで頑張ってきた自分の努力を肯定してあげましょう。

逆位置
状況・運気／軌道修正を行うべき節目
心理的状態／前向きな自己反省ができる
アドバイス／熟考することで、次の一手が見える時！

目の前の結果に対し、不満を抱いているかもしれません。問題が山積みで、何から手をつければいいか、考えあぐねている場合も。しっかり現実を直視し「どうすれば望みのものが得られるか」を考えれば、おのずと解決策や新しい方向性が見えてきます。

恋愛
正　つき合ってみたものの思っていた相手ではないと気づく、関係が進まずやきもきする
逆　進むか退くかを考える、アプローチ法を変える、現実を直視する、自分の欠点を見直す

対人関係
正　曖昧な関係、間違った方向へ進む、今までのつき合い方を見直す、相手の欠点が目につく
逆　いい影響をもたらさない友人を断ち切る、気乗りしない誘い、希薄な家族関係

仕事
正　高望みする、頑張っても手応えがない、予想とは違った結果、別分野への転職を考える
逆　なかなか進展しない状況、スケジュールを立て直す、一度立ち止まり方向性を考え直す

お金・その他
正　期待外れの報酬、予想を下回る収入、満足感がない、衝動買いや散財に走る
逆　経済基盤が安定しない、収支をチェックする、よりよい収入の道を模索する

ペンタクルの8
EIGHT OF PENTACLES

KEY WORDS　才能を伸ばす

Story　このカードのストーリー

　自らに不足しているもの、今後の課題を見つけ出した主人公は、そのためのスキルアップに取り組んでいます。何かを習得する、学ぶことがテーマのこのカードは、テクニックや応用力より、基礎や反復の大切さを説いています。単調で平凡な作業ですが、ここでの努力が、必ず実りをもたらします。

ウェイト版　マルセイユ版

Card Reading　このカードが出たら…

正位置

状況・運気／焦らずコツコツと積み上げる
心理的状態／無心で取り組む、生きがいを見いだす
アドバイス／よそ見をせず、すべきことに集中を!

　願いや目的を叶(かな)えるために、努力を惜しまないで。どんなにつまらない作業に見えても、その瞬間、ただひたすら一心に取り組むことでしか、たどり着けない境地があるのです。「将来、本当に役立つのか?」などの心配は無用。必ず見ている人がいます。

逆位置

状況・運気／マンネリ感、停滞感のある状態
心理的状態／飽きっぽさ、虚(むな)しさ、逃避願望
アドバイス／不安に負けそうな時は、誰かに相談を!

　正位置ほど、現状を前向きに受け止められない心境です。ルーティンワークに虚しさを感じ、「ほかに向いていることがあるはず」と、すべてを放り出したい衝動に駆られることも。でも、ここで楽をすれば、何一つ実にならないまま終わってしまいます。

恋愛
- 正:地道にアプローチする、真剣さを見せる、仕事に忙しくて恋愛どころではない
- 逆:出会いのない日々、刺激不足、相手にマンネリを感じている、浮気心が芽生える

対人関係
- 正:日々のコミュニケーションを大切に、あいさつをしっかり、会話テクニックを習得する
- 逆:マンネリの関係性、人づき合いの疲れ、イライラを感じる、周囲を見下した態度

仕事
- 正:得意分野を磨く、基礎に忠実に、意外な特技が評価される、思わぬ大抜擢を受ける
- 逆:実力不足に気づいていない、安易かつ衝動的な転職、成功の目前で諦める、根性がない

お金・その他
- 正:正当な報酬を得る、スキルアップがお金に結びつく、本や資格取得など学びへの投資は吉
- 逆:いつまでも上がらない給料、たまらない貯金、つまらないものに散財する

ペンタクルの9
NINE OF PENTACLES

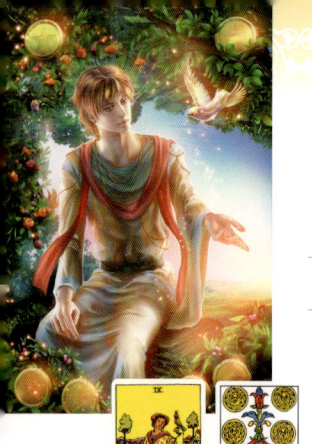

KEY WORDS　実りの享受

ウェイト版　マルセイユ版

Story このカードのストーリー

1桁の数を締めくくる「9」は、一つのステージの終焉(しゅうえん)を表し、「エース」で天から地上に降りてきた、コインが象徴する豊かさは完成を見ます。広がる庭園には多くの実り、満ち足りた表情の主人公……ここは努力が結実し、夢が具現化された楽園。成功という名の果実を味わうことがテーマです。

Card Reading このカードが出たら…

正位置
状況・運気／幸せの絶頂、これまでの成果が出る
心理的状態／満ち足りた心、自信が生まれる
アドバイス／チャンスをしっかりと受け取って!

あなたの努力が実り、目に見える成果となって現れます。しかもあなたが想像していた以上の良い結果となって、返ってくるはず。これまでの苦労はすべて、この果実をより甘くするためのものだったのです。訪れたチャンスをしっかり受け止めてください。

逆位置
状況・運気／ピークを過ぎる、じわじわと下降
心理的状態／自己過信、欲で自分を見失う
アドバイス／引き際を見極めること!

「もっと、もっと」と追求するあまり、やりすぎたり、引き際を誤ってしまいそうです。行きすぎた欲が身を滅ぼすことも……。多少の損失が出たとしても、一度ここで退いて、深追いしないこと。これ以上進めば、もっと大きな犠牲を払うことになります。

恋愛
正　両思い、円満な関係性、祝福された結婚、アプローチが功を奏する、子宝に恵まれる
逆　しつこいアプローチで嫌われる、別れた恋人に執着する、高望みをしすぎている

対人関係
正　実力者と縁ができる、人気が高まる、コネでチャンスをつかむ、多くの人が集まってくる
逆　騙そうとしている人がいる、相手に多くを望みすぎる、深入りしないほうが吉

仕事
正　プロジェクトが成功を収める、有力者に認められる、ヒットを飛ばす、受賞や就職が決定
逆　無理のある計画、野心的な行動、数を打っても当たらない、仕事を抱えすぎる

お金・その他
正　昇給のチャンス、収入増の道が開ける、印税収入、まいた種がお金となって返ってくる
逆　大きな損失を出す、衝動買いに走る、高額商品の買い物は控えたほうが吉

ペンタクルの10
TEN OF PENTACLES

KEY WORDS　　**完　成**

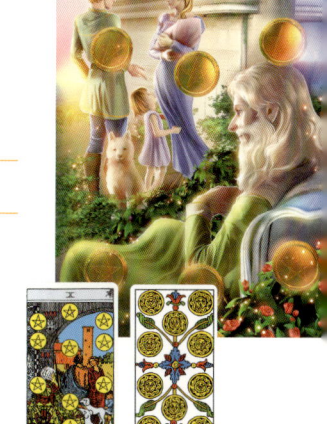

Story　このカードのストーリー

「9」のカードで完結を迎えた豊かさの世界……ここでは、それが次世代へと受け継がれていくさまを表します。家族が描かれていることからも、幸福を一族やチームメイトと共有し、繁栄が永続することを暗示。「公的に認められる」ということから、幸せな婚姻関係や、家族が増えることも。

ウェイト版　　マルセイユ版

Card Reading　このカードが出たら…

正位置
状況・運気／高め安定、末永く受け継がれる
心理的状態／穏やかで自信にあふれている
アドバイス／幸せを独占せず、人に分け与えて！

確固たる「何か」を手にする暗示です。社会における信用や盤石な地位、あなたを尊敬し慕う仲間、最高のパートナー、家族という共同体、不動産……。それは一朝一夕に得られるものではないゆえ、末永くあなたの実績として輝きを放つことでしょう。

逆位置
状況・運気／家にまつわるトラブル、不満足な状況
心理的状態／「昔はよかった」と過去にとらわれる
アドバイス／過ぎ去ったことは、手放して！

正位置がリアリティーある幸福だとしたら、逆位置ではそれが幻想であり、実際には得られていないことを表します。もしかすると幸せだった過去にとらわれ、現実と比べてしまっているのかも……。家族の問題や不安定な家計、家に関するトラブルの暗示も。

恋愛	対人関係
正　大団円、幸せな結婚、子孫繁栄、相手の家に入る、プロポーズされる、お見合い	正　知恵によって人を導く、尊敬を集める、質の高い関係、地位や財力のある人とのコネ
逆　過去の恋人への思いが募る、結婚への不満、一族が途絶える、結婚への理想が高すぎる	逆　周囲の反対にあう、親や家族との不和、地域になじめない、隣人とのトラブル

仕事	お金・その他
正　チームの結束が固まる、大成功を収める、表彰される、やり方を受け継ぐ、頼れる上司	正　不安感のない財政面、増資、家を買う、家や財産を受け継ぐ、遺産が入る
逆　時代遅れ、後輩に教えて第一線を退く、過去の栄光に浸る、新しい流れについていけない	逆　財産を減らす、ムダなことに散財する、資産を売る、実家に戻る、家計が成り立たない

ペンタクルのペイジ
PAGE OF PENTACLES

KEY WORDS　見込みがある

━━━━━━━━━ *Story* このカードのストーリー ━━━━━━━━━

大事そうにペンタクルを見つめるペイジ。背景の雄大な自然は、大地の恵みを表します。ペンタクルのコートカードを例えるなら、伝統ある由緒正しき一家ですが、ペイジは先達が努力の末に得てきた価値の重みに気づいていません。自分もきっと皆のように多くを得ていくのだろう、と夢を思い描いています。

ウェイト版　マルセイユ版

━━━━━━━━ *Card Reading* このカードが出たら… ━━━━━━━━

正位置
状況・運気／多様な可能性にあふれている
心理的状態／やる気にあふれる、しかし冒険を恐れる
アドバイス／楽な道に逃げず、まずは行動を!

　今のあなたは可能性にあふれています。何かを選択し、着実に積み重ねていけば、必ず大きな成果を得るでしょう。でも、夢を思い描くだけで行動に移さなければ、何一つなし得ることはありません。ゆっくりでもいいので、計画を立て、実行に移して。

逆位置
状況・運気／チャンスを逃す、損失の予兆
心理的状態／忍耐力に欠ける、見えっぱり
アドバイス／おごりを捨て、等身大の自分で!

　自分が持っている能力にプライドがあります。ですが、そのために大事なものを見失う恐れが。地道な努力をせず、一足飛びに成功を求めたり、人に頭を下げるのを嫌ったり……。あなたの才能は、まだ単なる「可能性」。努力なくしては花開きません。

恋愛
- 正　現実的なアクションを起こす、会話をする、一歩ずつ接近する、まずは友人から
- 逆　プライドが邪魔して素直な思いを告げられない、つい強がってしまう、高すぎる理想

仕事
- 正　基礎やマニュアルを重視する、才能を買われる、転職して一からのスタート
- 逆　努力不足で酷評される、さんたんたる結果、基礎がなっていない、夢ばかり語り実力不足

対人関係
- 正　信頼を得る、有力な人物に導かれる、刺激的な友人との出会い、家族からいい教えを得る
- 逆　人目を気にしすぎる、頑なな態度で他者を拒絶する、悪い道に引きずり込む友人、家族の束縛

お金・その他
- 正　経済問題の解決、強力な支援者が現れる、健康問題の改善、習い事を始める
- 逆　ハイリスクな投資は厳禁、思わぬ損失、その日暮らし、浪費を重ねる

ペンタクルのナイト
KNIGHT OF PENTACLES

KEY WORDS　誠　意

Story　このカードのストーリー

　ペンタクルのナイトは、騎士の中でも「守りの騎士」。静止した馬を描いた構図からもわかる通り、果敢に攻め込むよりも、大事なものを守ろうとする側面が強いカードです。揺るぎない信念を持ち、慎重かつ誠実で、任務も忠実にこなしますが、半面、ややお堅く、融通が利かない点もあるでしょう。

ウェイト版　マルセイユ版

Card Reading　このカードが出たら…

正位置
状況・運気／一歩ずつ進む、義務を果たす
心理的状態／誠実でズルをしない、信念に燃える
アドバイス／一貫した、ブレない態度が肝心！

　与えられたことは、しっかりこなす責任感があります。冒険より足場を固めることに目が向いており、スキルアップや人脈作りに励んでいることも。周囲のスピードの速さに焦ることがあるかもしれませんが、あなたのペースで進めば間違いありません。

逆位置
状況・運気／遅延と滞り、まだ機は熟していない
心理的状態／冒険を避ける、ムダを嫌う
アドバイス／事態を静観しつつ、策を練って！

　責務を全うする意識が裏目に出ると、ルールに縛られる、融通が利かない、遅々として進まないなどの状況になります。「ムダなことはしたくない」という守りの姿勢が、行動を起こす意欲を減退させているのかも。当分、進展は見られないでしょう。

恋愛
- 正：信頼できるパートナーとの出会い、結婚に結びつく交際、粘り勝ち、マイペースの恋愛
- 逆：マンネリの関係、倦怠期、信頼できないと思わせる相手、告白すべきタイミングではない

対人関係
- 正：約束はしっかり守ることが大事、自分の信念を持った人物、心を開いて素直につき合う
- 逆：ノリが悪い、優等生的でおもしろみがない、知ったかぶりをする、独りよがり

仕事
- 正：着実に昇進する、年功序列、スキルや経験値を積み重ねて評価を高める、高い実務能力
- 逆：考え方が堅い、スピードに乗り遅れる、締め切りに間に合わない、上司におべっかを使う

お金・その他
- 正：貯金残高がじわじわ殖える、経済観念の発達、規則正しい生活、資産を運用する
- 逆：利害関係が成立する、お金を持て余す、ケチという評判が立つ、投資はNGのタイミング

ペンタクルのクイーン
QUEEN OF PENTACLES

KEY WORDS　育 む

・・・・・・・・・ *Story* このカードのストーリー ・・・・・・・・・

　大自然の中の王座にゆったりと座るこの女性は、エレメントで言えば地。つまり、あらゆる生命の基盤である「大地」の女王です。生きとし生けるものを育み、その成長を寛大に見守る、穏やかな資質を持っています。この世界を守るためなら、内に眠る強い力をも発揮することでしょう。

ウェイト版　マルセイユ版

・・・・・・・・・ *Card Reading* このカードが出たら… ・・・・・・・・・

正位置
状況・運気／着実に進行する、壁を突破する
心理的状態／穏やかで満ち足りた気持ち、すべてを受け入れる
アドバイス／機は熟したので収穫を!

　これまで時間をかけて育んできたことが、実りを迎えます。つぼみが一気に開くように、超えられなかった課題にあなたの実力が追いつき、急展開を見せるでしょう。またカードを人物像ととらえると、着実な努力を惜しまず、現実的な考えをする女性です。

逆位置
状況・運気／急転直下の事態、物事がダメになる
心理的状態／がっかりする、不安感に苛まれる
アドバイス／もう一度、やり直してみましょう!

　手塩にかけてきたことが覆されるかもしれません。「これは大丈夫だろう」と思っていたことほど、ダメになりやすい時ですが、植物が踏まれても何度も立ち上がるように、決して息絶えたわけではありません。信念を持ち続ければ、必ず状況は変わります。

恋愛
正　長い片思いの成就、長い春を終えてゴールインする、同棲、幸福感に満ちた日々
逆　破談する、突然の別れを告げられる、二人の絆を試すような出来事、周囲の反対にあう

対人関係
正　長いつき合いの親友、和解の道が開かれる、いつも支えてくれる家族への感謝
逆　何を考えているかわからない信頼できない相手、マンネリ感、疑心暗鬼になる、孤独

仕事
正　プロジェクトの成功、長期的な計画を立てる、予想通りの結果、手応えを得る
逆　話が立ち消えになる、計画に不備が見つかる、横やりが入る、一からやり直す

お金・その他
正　生活の質が向上する、リッチな気持ちになる、バランスのとれた収支、経済観念の発達
逆　生活全般に対する不安、サポートが急に打ち切られる、お金に関する未熟さ、体力の減退

ペンタクルのキング
KING OF PENTACLES

KEY WORDS　人望・成功

Story　このカードのストーリー

　王国の前にどっしりと構えた王……人々が安心した暮らしができるように、日々心を砕いており、多くの人に慕われています。「困った時でも、この人に助けを求めれば大丈夫」と思わせる、揺るぎない安定感があります。人物で言うと、誠実で、実務能力に秀でた男性のイメージです。

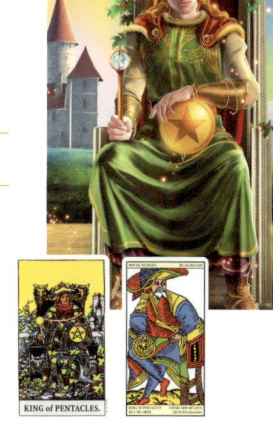

ウェイト版　マルセイユ版

Card Reading　このカードが出たら…

正位置
状況・運気／収穫を迎える、優遇される
心理的状態／誇らしさ、自己信頼、寛大に見守る
アドバイス／これまで培ってきたものを、存分に生かして!

　まいた種が実り、収穫を迎えます。その十分な成果に「これまでの自分は間違っていなかった」とわかるでしょう。決して自己満足ではなく、周囲からの称賛も得られるはず。実は種という形で子孫を残すように、何かを次世代に受け継ぐ意味もあります。

逆位置
状況・運気／望み通りではない結果、過ちに気づく
心理的状態／不満、自信を失う、欲に任せて暴走する
アドバイス／ダメだったことは一度、手放すべき!

　努力が徒労に終わるかもしれません。もしかすると、根本的な重大なミスを犯していたり、大事なことを見失っていたのかも……。ですが、それに気づけたことが大きな収穫。もう一度、種をまきましょう。今度は本当に望むものを手に入れるために。

恋愛
- 正　周囲に関係を公認される、地道なアプローチが功を奏す、求婚される、子宝に恵まれる
- 逆　この人ではなかったと気づく、関係の解消、よりどころを失う、諦めきれずに追いかける

対人関係
- 正　実力者の目に留まる、ポジションが上がる、計画が進展を見せる、良い結果を残す
- 逆　実力不足、思わぬ障害、企画が立ち消えになる、不名誉な出来事、責任を問われる

仕事
- 正　努力が形になる、周囲からの称賛、後輩に引き継ぐ、仕事を教える
- 逆　頑張っても報われない、キャリアに傷がつくような出来事、後進が育たない

お金・その他
- 正　経済的基盤が安定する、ローンを組む、遺産が入る、特別待遇を受ける
- 逆　ローンを返済できない、元手が不足、契約が結べない、がめつい態度、お金への焦り

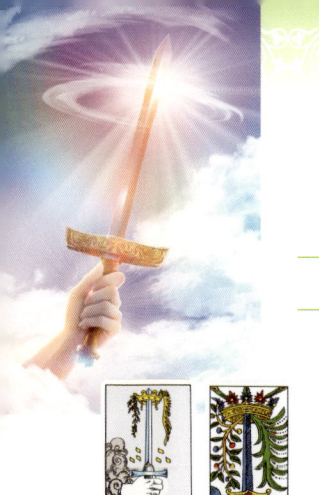

ソードのエース
ACE OF SWORDS

KEY WORDS　知性・叡智

ウェイト版　マルセイユ版

Story　このカードのストーリー

風のエレメントのソードは、知性の象徴。知性があるからこそ、他者とコミュニケーションを図ろうとする……それが、ソードが言語や友愛、平和を表すゆえん。ソードの「エース」は、自分が正しいと信じるものを貫く意思。決して自分本位ではなく、「この世界をより良くしよう」という正義です。

Card Reading　このカードが出たら…

正位置
状況・運気／チャレンジ、何かが始まる
心理的状態／信念を貫く、冷静で冴えている
アドバイス／人を説得するための言葉に、磨きをかけて!

今のあなたは、鋭い観察眼を持っています。世の中の不正や不平等を見抜き、「もっとこうしたらいいのに……」と感じているのでは? まだ考えているだけの段階かもしれませんが、言葉にしたり、行動に移すことで、世界は少しずつ変化していきます。

逆位置
状況・運気／妨害・論破される、認めてもらえない
心理的状態／わかってもらえず落胆、いら立ち
アドバイス／冷静になって、もう少し熟考する必要が!

自分が「正しい」と思っていることが認められず、いら立ちを感じるかもしれません。自分の考えに固執し、押し通そうとしていることも……。まずは冷静になることが必要です。その考えは、十分に熟していないのかもしれません。時機を待ちましょう。

恋愛
- 正：気持ちが伝わる、受け入れてもらえる、友人から関係がスタートする、一目置かれる
- 逆：気持ちを理解してもらえない、本当の意味で相手を思っていない、気持ちを押しつける

対人関係
- 正：味方が増える、会話が弾む、哲学的で深いかかわり、同志、ウソや矛盾を見抜く
- 逆：孤立を感じる、相手の気持ちを変えられない、わがまま、独善的、言葉で人を傷つける

仕事
- 正：問題点を指摘する、商談やプレゼンの成功、立身出世、二者を比較してより良い形にする
- 逆：相手を説得できない、思考がまとまっていない、反論・批判される、論理性がない

お金・その他
- 正：出資者が見つかる、ムダな支出をカットする、SNSのつながり、ブレインストーミング
- 逆：十分な収入を得られない、お金にならないアイデア、不正に手に入れたお金

ソードの2
TWO OF SWORDS

KEY WORDS 二者択一

Story このカードのストーリー

2本の剣を掲げた主人公の目は固く閉じられています。「エース」で自分の正義を見いだした彼は、二者択一的な緊迫した状況に置かれているよう。答えを出したいけれど出せない……。大きな決め手を欠いているか、どちらかを選ぶことで誰かを傷つける恐れがあるのかも。板挟みの苦しい状況です。

ウェイト版　マルセイユ版

Card Reading このカードが出たら…

正位置
状況・運気／緊迫感のある状態、選択の局面
心理的状態／問題から目を背ける、助けを望む
アドバイス／見極めるべきは、自分自身の心!

問題を直視するのを避けているようです。大事なことを見て見ぬふりしていたり、本当の気持ちを押し殺していたり……。今は無理に選ぶ必要はありません。でも、永遠にこのままではいられませんから、苦悩の末に、いずれ答えを選ぶことになるでしょう。

逆位置
状況・運気／間違った選択、その場しのぎ
心理的状態／投げやり、大事なことを見落とす
アドバイス／自分にとっての最善の決断を!

もがきながらも、何か答えをつかんだようです。でも、それは真実ですか？　悩むのに疲れ、「これでいいや」と投げやりに選んでいませんか？　人生にはとことん悩み抜くことが必要な時もあります。本当は何を選ぶべきか、あなた自身はわかっているはず。

恋愛
- 正：2人の異性の間で揺れ動く、結婚と仕事を秤にかける、傷つける、知りたくなかった事実
- 逆：本意ではない選択をする、いさぎよく諦める、第三者を傷つける結末、後で後悔する

対人関係
- 正：理解者を得る、厭世的な気分、微妙なバランスの上に成り立つ関係、中立の立場
- 逆：間違ったやり方をする、見えないところで行われている画策、見て見ぬふりをする

仕事
- 正：問題を先送りする、進退問題に迫られている、計画が遅延する、中間管理職、板挟み
- 逆：決断を下した直後に後悔する、AでもBでもない第三の答え、合理的になれない

お金・その他
- 正：言いすぎ、どちらにとっても利益にならない、精神力を鍛えることが大事、契約不成立
- 逆：いい加減な契約書、気分任せに散財する、ワラにもすがりたい状況

ソードの3
THREE OF SWORDS

KEY WORDS　失　意

Story　このカードのストーリー

主人公は、選択を誤ってしまったのでしょうか。ウェイト版では、心臓に剣が突き刺さった様子が描かれているように、深い失意を表します。大切なものを失ったり、受け入れ難いことを受け入れなければならないなど……。今は永遠にも思える苦しみですが、傷が癒える日が必ずやってきます。

ウェイト版　マルセイユ版

Card Reading　このカードが出たら…

正位置
状況・運気／喪失や裏切りを経験する、窮地に陥る
心理的状態／心が血を流すような痛み、深い悲しみ
アドバイス／どんなにつらい経験も、いずれは過去に!

正位置では、まさに痛みを感じている最中を表します。夢破れたり、精神的な支えを失うなど、「なぜこんな目に」と思うかもしれませんが、どんなに否定しようとしても、起こるべくして起きた現実。まずはそれを受け入れて。そこから再起が始まります。

逆位置
状況・運気／過去の問題を手放す、再び立ち上がる
心理的状態／敗北感、未練を断ち切る
アドバイス／失うことで、得るものもあると気づいて!

逆位置では、悲しみから抜け出そうとしています。引きずったままでは、動くたびに痛みますが、刺さった剣を抜き、適切に処置すれば回復へ向かいます。今は希望が見えなくても、時間の経過とともに、出来事を違った視点から見られるようになります。

恋愛
- 正：失恋、別れ、大ゲンカをする、関係が崩壊する、報われない愛、相手から逃げる
- 逆：未練を手放す、傷が癒えつつある、別れの原因が見えてくる、復活愛を断念する

対人関係
- 正：信頼していた人が離れていく、裏切り、いさかい、急所を突かれる、味方がいない
- 逆：対人トラブルは収束に向かう、関係修復の兆しが見えてくる、誤解やわだかまりを解く

仕事
- 正：夢が打ち砕かれる、目標を見失う、さんたんたる結果、計画の再考が求められる、落選
- 逆：計画を立て直す、問題点に気づく、失敗をバネにする、新しい目標を設定する

お金・その他
- 正：自己破産、経済的なバックボーンを失う、ふがいない自分への憤り、旅に出る
- 逆：過去の帳簿を洗い直す、引っ越しで気持ちを切り替える、消化不良

ソードの4
FOUR OF SWORDS

KEY WORDS　小休止

Story　このカードのストーリー

　傷ついた主人公は、ひとときの休息を得ています。緊迫した状況をくぐり抜け、本人が思っている以上に心身が疲弊していたのでしょう。「ワンドの4」も小休止を意味しますが、歓待ムードのワンドに対し、ソードは命からがら逃げてきて、やっとの思いで安息の場を見つけた……という様相です。

ウェイト版　　マルセイユ版

Card Reading　このカードが出たら…

正位置
状況・運気／行動や計画にストップがかかる、休息
心理的状態／スランプ状態、冷静さを失う
アドバイス／焦らずに、自分の道を進んで!

　思うようにならない現実に、あなたは精いっぱい抵抗し、努力を続けてきたかもしれません。でももう限界ギリギリです。「まだやれる」と思っても、あえてここは退き、自らのケアに専念を。後に巡ってくる再起のチャンスに、万全な態勢で臨むために。

逆位置
状況・運気／諦めていたことを再開、新たな目標を掲げる
心理的状態／やる気がよみがえりつつある、精神的にタフになる
アドバイス／事を荒立てるより、平和的な解決を!

　逆位置になると、壁に吊るされた剣の刃が上を向き、再び戦地に赴く時が近いことを暗示。充電を終え、心身の回復を図ったら、そろそろ戦いの準備を始めましょう。問題は山積みかもしれませんが、今のあなたなら、前よりうまく立ち回れるはず。

恋愛
- 正　やればやるほど空回り、遅々として進まない、長期戦、冷却期間、距離をおく
- 逆　前とは違うやり方でのアプローチ、恋愛する気力が戻る、復活の兆し

対人関係
- 正　追われる、助けを得られない、一人になりたい、隠れる、問題の人から一時的に遠ざかる
- 逆　追っ手がもうそこまで来ている、懐かしい人に再会する、協力態勢を立て直す

仕事
- 正　新規の事柄は時期尚早、タイミングを見誤る、準備不足、スランプ、過度なストレス
- 逆　もう一度計画を立てる、中断していたことを再開する、作戦を練る、社会復帰

お金・その他
- 正　金額面は譲歩が必要、「待て」のサイン、根本的な治療が必要、リフレッシュの旅に出る
- 逆　軍資金を用意する、心身の回復が進む、リハビリを開始する、自分自身を見つめ直す

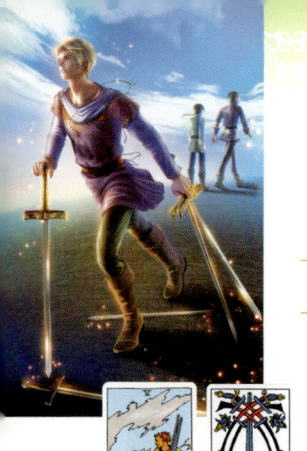

ソードの5
FIVE OF SWORDS

KEY WORDS　**不調和**

Story　このカードのストーリー

　再び戦地に赴いた主人公ですが、戦いの後に残された剣を得ることに執心しているようです。「自分だけ正攻法でやっても、バカを見るだけ」そんな思いが浮上してきたのでしょうか。コネを使ったり、策略を巡らせたり……。「目的のためなら手段を選ばない」という心の声が聞こえてきそうです。

ウェイト版　マルセイユ版

Card Reading　このカードが出たら…

正位置
状況・運気／正しくない手段で成功を手にする、スキを突く
心理的状態／やましさ、後ろめたい思い
アドバイス／近視眼的になると、身を滅ぼす危険が！

　あなたの心に、一抹の後ろめたさがあるかもしれません。やってはいけないことをしてしまった、そんな自分を正当化する理由を探していることも。欲しいものは得たかもしれません。でも同時に失ったものもあることに、まだ気づいていないようです。

逆位置
状況・運気／不名誉な出来事、予想された敗北
心理的状態／善と悪の心が葛藤、後悔する
アドバイス／いさぎよく一度、撤退すべき！

　逆位置では、同じく狡猾な手段を用いたものの、失敗することを暗示します。去っていく二人の影に焦点が当たり、これまで親しかった人と決別したり、周囲から非難されることも。それでもまだ同じ方法をとれば、さらに大事なものを失いかねません。

恋愛
- 正：略奪愛、寝取る、ライバルを蹴落とす、公に認められない関係、人目をはばかる
- 逆：不倫や浮気がバレる、離婚、大事な人を失う、重大な秘密が露見する

対人関係
- 正：コネや人脈を駆使する、相手のウイークポイントを突く、姑息な態度、根回し
- 逆：パワハラ、無責任な相手、失望する、信じていた相手に裏切られる、誰かを騙す

仕事
- 正：ボツ案を再利用、人のアイデアを盗む、同僚の失敗につけ込む、他人を踏み台にする
- 逆：不正がバレる、周囲から非難される、不名誉なレッテルを張られる、周囲が敵ばかり

お金・その他
- 正：他人の失敗で利益を得る、ギャンブルに熱中する、法を犯す、やましいことに手を染める
- 逆：大きな損害を出す、価値のあったものが無価値になる、深く後悔する、問題がこじれる

ソードの6
SIX OF SWORDS

KEY WORDS 進路変更

Story このカードのストーリー

　邪なやり方に手を染めた主人公は、失敗を経験し、人生のやり直しを決意したのでしょう。身を隠すように船に乗る姿は、華々しい門出というより、逃げるようにその地を去るイメージです。このカードを引く時は、直前に大きな試練を経験していることが多いので、それを見つけ出すのが読解のコツ。

ウェイト版　マルセイユ版

Card Reading このカードが出たら…

正位置
- 状況・運気／行き詰まり、計画を再考しなければならない
- 心理的状態／驚きと落胆、諦め、手放す
- アドバイス／生き方を変えるつもりで、再スタートを！

　これまでの方向性を変えなければいけない、そんな事態が起きているかもしれません。思い描いていた将来が遠ざかったり、パートナーとの関係を解消するなど、「この先にもう道はない」という状況。それを直視し、新たな一歩を踏み出すことが必要です。

逆位置
- 状況・運気／過去にしがみつく、決断を先延ばしにする
- 心理的状態／慣れ親しんだものへの愛着、断ち切れない思い
- アドバイス／感情ではなく、理性で判断を！

　「もう先はない」とわかっていることに、しがみついている状態。「これまでこんなに〇〇してきたのだから」という思いが足かせとなっているのかも……。でもそれでは苦しみが長引くだけ。断腸の思いであっても、いつかその決断に感謝する日がきます。

恋愛
- 正：愛されていないことに気づく、相手は別の人を選ぶ、別れを決断する、心機一転やり直す
- 逆：先のない恋に執着する、復活愛を望む、なあなあの同棲生活、共依存、泥沼化した関係

対人関係
- 正：グループやチームから抜ける、急な家庭の事情が発生する、発展性のない関係
- 逆：足を引っ張り合う関係、身動きがとれない、「昔は〇〇だった」という話ばかりする

仕事
- 正：進路や志望先の変更、リストラや左遷、急な異動や転勤、計画がポシャる、転職、再就職
- 逆：昔のやり方に固執する、新しい職場になじめない、新しいことをする気が起きない

お金・その他
- 正：これまでの援助が受けられなくなる、夜逃げ、Uターン、無理がたたり体調を崩す
- 逆：パラサイト、すでに失ったものに固執、幸せだった過去を思い出す、身を隠すような生活

ソードの7
SEVEN OF SWORDS

KEY WORDS　本心を隠す

Story　このカードのストーリー

人目を忍び、剣を盗もうとする人物。ウェイト版では顔と足の向きが正反対であることから、「心と体がちぐはぐ」「本心を隠して行動する」という意味も……。「6」で新天地を目指したはずの主人公自身かもしれませんし、周囲に裏切り者がいる可能性も。「魔が差す状況」への警告カードです。

ウェイト版　マルセイユ版

Card Reading　このカードが出たら…

正位置
状況・運気／誘惑に負ける、危ない行為に手を出す
心理的状態／自分の利益を優先する、ごまかす
アドバイス／「ちょっとだけなら」は禁物!

誘惑の多い状況を暗示するカードです。楽なほうへ逃げたい、ズルをしたい、うまい話に乗ってしまいたい……現実にそうした選択をしてしまうかもしれません。ですが、悪事には手痛いしっぺ返しがあるのが世の常。自分を厳しく律することが必要です。

逆位置
状況・運気／すんでのところで難を逃れる、状況は好転
心理的状態／理性が勝つ、目が覚める
アドバイス／自分の中の「正義」を信じて!

逆位置になると、まっすぐに突き刺さった2本の剣（正義）に焦点が当たります。最後の最後で理性が勝利し、誤った行動は正される、未然に防げることを暗示。予想外のハプニングによって、救われることもあるでしょう。問題は解決へと向かいます。

恋愛
- 正：プロフィールを偽る、好きではない相手とつき合う、他人の恋人にちょっかいを出す
- 逆：浮気は寸前のところで回避、一夜の過ちを犯さずに済む、ピンチが接近のチャンスに

対人関係
- 正：人を犠牲にして自分をよく見せる、裏切り者が発覚する、大事なものを横取りされる
- 逆：信頼を回復する、助けの手が差し伸べられる、こじれていた関係が元に戻る

仕事
- 正：数字やデータをごまかす、裏がある儲け話、人の手柄を自分のものにする、手抜きする
- 逆：窮地でいいアイデアが湧く、ミスをフォローしてもらえる、素早い対応で株を上げる

お金・その他
- 正：遅刻やズル休み、ちょっとしたウソをつく、清算をおろそかにする、遊びほうける
- 逆：予想外の利益を得る、回り道をして帰ると散財の予感、入念なチェックで難を逃れる

ソードの8
EIGHT OF SWORDS

KEY WORDS　制限・抑制

Story　このカードのストーリー

　剣が乱立する中、拘束され目隠しされた主人公。下手に動けば傷だらけになりそうな状況です。なすすべもない囚われの身……現実に周りが敵ばかりの、四面楚歌を暗示することもあれば、「自分は何もできない」「動けない」と思い込んでいるだけのこと。どちらなのか、見極めが肝要です。

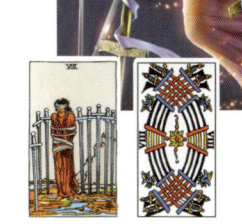

ウェイト版　マルセイユ版

Card Reading　このカードが出たら…

正位置
状況・運気／身動きがとれない、行き詰まり
心理的状態／自分には何もできないという無力感、落胆
アドバイス／自分を縛るような、思い込みを手放して!

　周りは誰も助けてくれない、自分にはチャンスが巡ってこない、こんなに頑張っているのに……そんな思いを抱えているのでは？　ですが「自分の力ではどうしようもない」と思い込んでいるのは自分自身。まずはその檻（おり）から、自分の心を解き放ってください。

逆位置
状況・運気／救いの手、厳しい状況は一気に解決へ
心理的状態／解放感にあふれる、晴れやかな気持ち
アドバイス／これまで耐えてきた分、幸運を享受して!

　逆位置になると、後方に見える人影、救援者にスポットが当たります。ピンチに見える状況の中でも、救いの手が差し伸べられる、長いトンネルの出口が見えることを暗示します。つらい時期が長ければ長かったほど、素晴らしい幸運が訪れるでしょう。

恋愛
- 正：失恋する、自分は愛される価値がないと思い込む、悲劇のヒロインを気取る
- 逆：そばにあなたを思っている人がいる、チャンスが巡ってくる、わだかまりが解消する

対人関係
- 正：誹謗中傷される、孤立する、頑なな心、周囲に対して心を閉ざす、人を寄せつけない
- 逆：干渉から解放される、誤解が解ける、素の自分を見せられる相手、本音で話せる

仕事
- 正：能力を生かせない、チャンスに恵まれない、予期せぬアクシデント、他人と比較して焦る
- 逆：障害が消える、会社を辞めてフリーで働く、本当にやりたいことを見つける

お金・その他
- 正：貯金を切り崩す、行動を制限される、悩み解決の糸口が見つかる
- 逆：健康の回復、経済的な困窮の解消、思わぬ幸運、自由を手に入れる

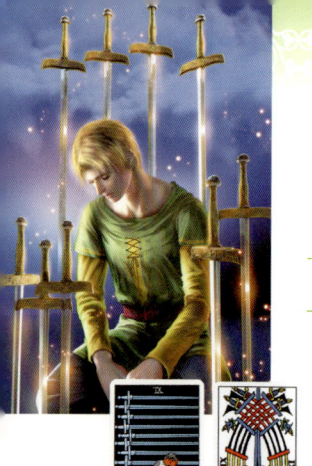

ソードの 9
NINE OF SWORDS

KEY WORDS　**思い悩む**

Story このカードのストーリー

意気消沈した表情の主人公。大事なものを失ったのか、自分の決断のミスを悔いているのか……。ウェイト版ではベッドの上に描かれており、悪夢や妄想に苛(さいな)まれるという意味も。深い失意に沈み、自分を客観視できていないようです。内面の苦悩を暗示するカードとして出ることが多いでしょう。

ウェイト版　マルセイユ版

Card Reading このカードが出たら…

正位置
状況・運気／悩みが消えない、閉塞(へいそく)した状況
心理的状態／悪い予感がする、妄想が次から次へと湧く
アドバイス／悩んでいる自分を、客観的に見つめてみて！

「もしもあの時こうしていたら……」そんな後悔をしているかもしれません。あるいは未来への漠然とした不安を抱えていることも。悩みの渦中にあると、そうしたネガティブな妄想はエンドレスで繰り返されます。どこかで自ら断ち切る必要があるでしょう。

逆位置
状況・運気／暗闇の先に一条の光、悩みが解決する
心理的状態／気づきが訪れる、傷ついた心が癒える
アドバイス／すべてを「許す」ことから始めて！

正位置が示す深い懊悩(おうのう)から、抜け出そうとしています。自分を客観的に見て、「このままではいけない」と気づくかもしれません。問題だと思っていたことは妄想であり、実体はないと気づくことも……。ここまで来れば大丈夫。状況は好転します。

恋愛
- 正：恋人の行動を疑う、過去への悔恨、「嫌われているかも」と思い込む、失うことへの恐れ
- 逆：過去の恋をふっ切る、新しい恋を始める、相手に関する誤った思い込みが解消される

対人関係
- 正：傷つけた相手を恨み続ける、幼少期のトラウマ、引きこもる、他人を拒絶する、疑われる
- 逆：過ぎたことだと理解し相手のすべてを許す、偏見を取り除く、疑いが解ける

仕事
- 正：最悪の事態を想定する、スランプ、職を追われる、自分の能力に不安を感じる
- 逆：障害が消える、新しいことを手がける、前よりレベルアップする、万事スムーズに進む

お金・その他
- 正：悪夢を見ている真っ最中、情緒不安定、ネガティブな妄想、お金に関する漠然とした不安
- 逆：悪夢から覚めて「夢か」と気づく、深く考えすぎる、心を癒すことが必要

ソードの10
TEN OF SWORDS

KEY WORDS　自己成長

Story　このカードのストーリー

　ウェイト版では主人公に突き刺さっている10本の剣。凄惨(せい)(さん)な光景ですが、剣が刺さっているのは、実は本人ではなく、彼の心にある闇。背景に夜明けが描かれている通り、「自分の弱さを克服し、もっとも暗い時を超える」ことを暗示します。試練や困難も、まもなく終わりを告げるでしょう。

ウェイト版　　マルセイユ版

Card Reading　このカードが出たら…

正位置
状況・運気／最後の試練、別れ、決定的な出来事
心理的状態／自分の弱さに向き合う、昇華する
アドバイス／どんな問題に対しても、感情的になりすぎないで！

　ある問題が浮上するかもしれません。それはあなたが「いずれ向き合わなければ」と思っていたことのはず。逃げれば、また同じ旅を一から繰り返すことになります。勇気を出し、正面から向き合いましょう。二度とあなたを悩ませることはなくなるはずです。

逆位置
状況・運気／長い苦悩の時代の終わり、新しい始まり
心理的状態／晴れやかで自由な気持ち、解放感
アドバイス／これまでのすべての経験が糧に！

　逆位置では、夜明けにスポットが当たります。悩みが消え、どん底の時代は終わりを告げるでしょう。すべてを清算し、希望や夢を見いだすことも……。何よりうれしいのは、さまざまな苦難を経て、精神的にひと回り成長した自分に出会えることです。

恋愛
正　決定的な出来事、別離、諦めきれない思いが自らを苦しめる、気持ちにカタをつける
逆　新しい出会いが接近中、ケンカや言い争いを通じて仲が深まる、離婚が成立する

対人関係
正　トラウマを刺激される、感情を激しく揺さぶられる、深く傷つく、衝突する
逆　長いいさかいに終止符が打たれる、新しい関係性が始まる、コンプレックスの解消

仕事
正　取り返しのつかない失敗、最終試練、リストラや転職、勝敗が決する、信念を主張する
逆　心機一転やり直す、まったく別分野に転職、初心に帰る、新しいプランを練る

お金・その他
正　金銭面に大打撃がある、収入の道が途絶える、倒産や店じまい、清算する
逆　新たな収入源、リニューアルオープン、引っ越しや身辺整理、イメチェン

ソードのペイジ
PAGE OF SWORDS

KEY WORDS 見聞を広げる

Story このカードのストーリー

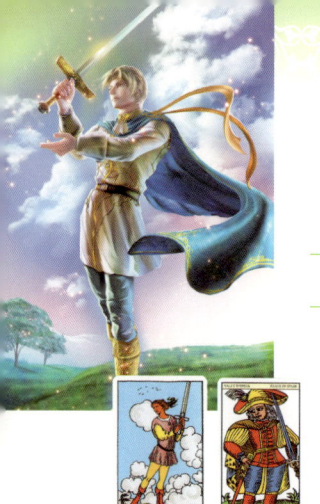

ウェイト版　マルセイユ版

　大空に白い雲を背景とするソードは、風のエレメントで知性とコミュニケーションを司（つかさど）ります。中でもペイジは、知的好奇心がとても旺盛（おうせい）。冒険を通じて見聞を広げ、成長したいという向上心にあふれています。また、見聞きした情報を多くの人に広める、メッセンジャーの側面も持っています。

Card Reading このカードが出たら…

正位置
- 状況・運気／チャンスをつかむ、人に恵まれる
- 心理的状態／豊かな感受性、好奇心旺盛
- アドバイス／常にピンとアンテナを張って！

　思いがけないチャンスがもたらされる暗示。人との出会いによって、新しい世界の扉が開かれることも……。それは場所に限らず、新しい知識や未体験の分野だったりもするでしょう。恐れることなく飛び込めば、それが将来につながる可能性もあります。

逆位置
- 状況・運気／チャンスを逃す、能力不足
- 心理的状態／優柔不断、事を起こすのを恐れる
- アドバイス／できない理由を考えるのはやめて！

　新しいチャンスに尻込みしてしまうかもしれません。「自分はまだまだ未熟」と思っていたり、過去の失敗が尾を引いていることも……。あなたは自分が思っているより、ずっと成長しています。最初から完璧（かんぺき）にできなくてもいいので、まずは始めてみましょう。

恋愛
- 正：新しい出会い、友情が恋に発展、人からの紹介、言葉を交わすことで距離が縮まる
- 逆：チャンスを生かしきれない、ライバルに先を越される、挙動不審、うまく話せない

対人関係
- 正：いい同僚・チームメイト、サークル活動、異業種・異文化の人との出会い、人気を集める
- 逆：ライバルに嫉妬（しっと）心を抱く、意固地になる、人間関係を損得勘定で考える

仕事
- 正：学ぶことでスキルアップ、より大きい仕事を任される、斬新な発想が評価される
- 逆：準備不足で失敗する、報告が遅れて叱られる、人前で注意され恥をかく、単純作業

お金・その他
- 正：スキルアップへの投資、セミナーへの参加、朗報が舞い込む、入門テキスト
- 逆：資金不足、ムダなことに浪費する、情報に翻弄される、時代遅れの通信機器

ソードのナイト
KNIGHT OF SWORDS

KEY WORDS 即戦力・スピード感

Story このカードのストーリー

馬上で勇ましくソードを掲げる騎士。ワンドのナイトが武将であるなら、ソードのナイトは智将です。力で押し切るのではなく策略を巡らし、いかにうまく事を進めるか、スピーディーに計算し、勝利をつかみます。ソードの知性的な活動が、フルに生かされるカードです。

ウェイト版　マルセイユ版

Card Reading このカードが出たら…

正位置
状況・運気／知力が高まる時、目標に向け前進
心理的状態／迷いのなさ、集中している
アドバイス／後ろを振り返らずに、突き進んで！

今のあなたは、いつも以上に冴えています。どんな物事も即座に吸収・理解し、論理的に説明できるはず。ひらめきにも恵まれ、集中力も十分。そうした知力を武器に、事を成しとげるべき時です。どんな問題も、考えることでベストな方法が得られます。

逆位置
状況・運気／他者を攻撃する、先走った行動をする
心理的状態／集中できない、気もそぞろ
アドバイス／落ち着いて、状況を冷静に観察して！

エネルギーを浪費している状態です。自分の意に沿わないものを徹底的に批判したり、周囲の同意を得ないまま、強引に進めてひんしゅくを買ったり。かと思えば集中力を欠き、勘違いやミスを連発するなど、ちぐはぐな状況。一度、心を落ち着けましょう。

恋愛
- 正：意中の人とわかり合う、相手からリスペクトされる、相手を振り向かせる
- 逆：揚げ足を取って嫌われる、相手の裏を読もうとする、勘違い、気持ちのコントロール不能

対人関係
- 正：尊敬を集める、後輩に慕われる、場の中心になる、目上の人に期待をかけられる
- 逆：他者を攻撃して自分を守ろうとする、味方がいない、煙たがられる、悪評が立つ

仕事
- 正：新しい事業を立ち上げる、地位が向上する、難関にトライ、やりがいのある仕事に就く
- 逆：致命的なミス、信念が覆される、評価が下がる、リーダーシップをとれない

お金・その他
- 正：右肩上がりの収入、ボーナスがアップ、即断即決、未経験のジャンルに幸運
- 逆：ムダなものにお金を使う、老後への不安が募る、上がらない給与、リラックスが大事

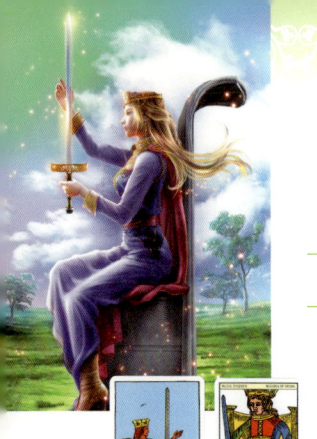

ソードのクイーン
QUEEN OF SWORDS

KEY WORDS 思慮深さ

Story このカードのストーリー

ソードのナイトが頭の回転の速さだとしたら、思慮深く一つのことをじっくり考え、決断を下すのがクイーンです。物事の本質を見抜き、合理的に判断します。横顔がクールに見えるのは、どちらか一方に肩入れして、公正さを欠くのを防ぐため。気高く、中庸であり続けるその姿勢は、尊敬の的です。

ウェイト版　マルセイユ版

Card Reading このカードが出たら…

正位置
- 状況・運気／感情より理性的判断が求められる
- 心理的状態／冷静沈着、偏らないフラットな心
- アドバイス／表面的なことに惑わされず、核心をつかんで!

何か難しい判断をせねばならない局面にあるかもしれません。ですが、感情に流されず、合理的に考えることで、必ず正しい答えを導き出せます。悩んでいることがあるなら、このクイーンのイメージの女性に相談すると、良いアドバイスがもらえるでしょう。

逆位置
- 状況・運気／混乱した状況、不安定
- 心理的状態／完璧主義、神経過敏、イライラする
- アドバイス／常にニュートラルな自分を保って!

常にあらゆることに気を配る繊細さが裏目に出て、神経質になりやすい時。他人のささいな言動にイライラし、つい声を荒げてしまうことも……。言葉を表すソードの刃（やいば）で、人の心を切りつけてしまうことのないよう、慎重に扱うことを求めるカードです。

恋愛
- 正：胸に秘めた恋心、年下の異性に慕われる、悩み相談に乗るうちに恋が芽生える
- 逆：ヒステリックな振る舞いで相手に敬遠される、相手をバカにした態度をとる

対人関係
- 正：人に意見を求められる、相談役、公正な立場、間違っていることはきちんと指摘する
- 逆：心を閉ざす、孤独に耐える、人間関係に煩わしさを感じる、表面的なことに惑わされる

仕事
- 正：新規プロジェクトは成功の兆し、慎重な判断を下す、感情に流されない、大局を見る
- 逆：準備が整っていない、たくさんの情報に混乱する、重すぎる責務、資料に不備が見つかる

お金・その他
- 正：収支をきちんと把握する、計画的に貯蓄する、上品かつ洗練された美しさ
- 逆：不安から買い物に走る、暴飲暴食に走る、ネットをダラダラ見る

ソードのキング
KING OF SWORDS

KEY WORDS　理想と現実の調和

Story　このカードのストーリー

　理性的で自己コントロールが行き届いており、感情的になることはめったにないソードのキング。ワンドのキングが力強さと情熱によって人を従えるとしたら、ソードのキングは理想や信念を説いて聞かせることによって、国を統括します。その剣は自由と平和という、彼の考える正義の象徴なのです。

ウェイト版　マルセイユ版

Card Reading　このカードが出たら…

正位置
状況・運気／新しい展開、アイデアが湧く
心理的状態／クリエイティブ、意欲的
アドバイス／力の出し惜しみをせず、人のために使って!

　柔軟な思考に独創的なひらめきが組み合わさり、素晴らしいアイデアが湯水のように湧いてくる時。あなたの考えは周囲にとっても有益なので、思っていることはぜひ口にしてください。それがチャンスを呼び、新しい展開をもたらす可能性も十分にあります。

逆位置
状況・運気／暴君的態度、波乱の状況
心理的状態／残忍さ、保身に走る、他者を攻撃する
アドバイス／もう一度、当初の理念を思い出して!

　よからぬことに知性を使ってしまいそうです。相手を貶(おとし)めたり、自分に有利に事を動かすために、策略を巡らせることも。本来は善なる知性も、邪な心で使えば多くの人を傷つける武器になります。取り返しのつかないことになる前に、自分を律して。

恋愛
- 正：話術で魅了する、穏やかな振る舞い、博愛精神、相手の要求に応える
- 逆：相手の心をコントロールしようとする、ストーカー的行為、相手の悪評をばらまく

対人関係
- 正：夢や理想を語る、多くの支持者を得る、わかり合うまでとことん話す、有能な上司や部下
- 逆：異分子を抑えつける、罠にはめる、頼れる人がいない、煙たがられる、騙す、論破する

仕事
- 正：ブラッシュアップする、会議、議論が白熱する、相手を説得する、問題点を指摘する
- 逆：気に入らない人間を左遷する、やり方を押しつける、安直な判断、凝り固まった考え

お金・その他
- 正：お金になるアイデア、不正を許さない、常識ある振る舞い、常に洗練された装い
- 逆：我欲に駆られる、ステイタスにこだわる、人々を扇動する、偽情報に踊らされる

カップのエース
ACE OF CUPS

KEY WORDS　愛と美・平和

Story このカードのストーリー

カップは、天上から惜しみなく与えられる愛の象徴。そのしずくは地上にしみ渡り、私たち一人ひとりの心にも流れてきています。その愛がなければ、心がかさつき、誰かを愛したり、人と心を通わせる喜びを感じることはできないでしょう。「エース」は、愛の原初的な状態を表しています。

ウェイト版　マルセイユ版

Card Reading このカードが出たら…

正位置
状況・運気／恋に落ちる、素晴らしい出会い
心理的状態／豊かな感受性、感情を素直に表現する
アドバイス／いつだって愛はそばにある、それを思い出して!

愛のときめきを表すカードです。もちろん好きな人ができる、という場合もありますが、恋愛と同じように愛と情熱をもって打ちこめる、仕事や趣味などとの出会いも。相思相愛というように、意中の人と心を通わせ合うひとときが訪れる暗示もあります。

逆位置
状況・運気／愛情の一方通行、関係の不均衡
心理的状態／届かない思い、愛情過多
アドバイス／愛は与え、そして受け取るもの!

逆位置になると、愛はカップからこぼれ落ちてしまいます。思いを受け止めてもらえない、または愛を注ぎすぎるあまり、関係性をダメにしてしまう暗示も。気持ちをコントロールできなかったり、相手からの見返りを期待しすぎてしまうケースもあります。

恋愛
- 正　心が通じる、運命的な出会い、ぎくしゃくしていた関係が融和する、相手の幸せを願う
- 逆　愛を拒絶される、複数の人に愛を注ぐ、気持ちに任せて暴走、不安を愛で埋めようとする

対人関係
- 正　助け合える関係、味方ができる、家族への愛と感謝、見返りを求めない愛
- 逆　相手を甘やかす、わがままを聞き入れる、相手の優しさにつけ込む、尽くしすぎる

仕事
- 正　素晴らしいチャンス、アットホームな職場、創作活動、好きな仕事が見つかる
- 逆　ギスギスした職場、相手を騙そうとする、過剰なサービス、押し売り

お金・その他
- 正　募金する、誰かを支援する、仕送り、何気ない日々の幸福、満たされたひととき
- 逆　物を買い与えて甘やかす、貢ぐ、お金を貸す、無感情・無感動

カップの2
TWO OF CUPS

KEY WORDS　共感する

Story　このカードのストーリー

　愛を求めて旅に出た主人公は、運命的な出会いを果たしたようです。お互いの目を見つめて杯を交わすことは、思いを通わせ合うこと、愛の絆を育むこと、そして婚姻を表します。まだ初々しい二人の関係は、始まったばかり……。未来のことなど考えず、今この瞬間の幸福を実感しているようです。

ウェイト版　　マルセイユ版

Card Reading　このカードが出たら…

正位置
状況・運気／素晴らしい出会い、関係の進展
心理的状態／幸福感に身をゆだねる、満たされる
アドバイス／大切な人は、しっかりとつかまえて！

　これから人生を歩むうえで、大事なパートナーとの巡り合いを暗示するカードです。恋愛に限らず、仕事上の協力者や、同じ目的を持つ親友との出会いも表しています。また、仲がこじれていた相手との関係性が、スムーズになることもあるでしょう。

逆位置
状況・運気／意思疎通がはかれない、気まずい関係
心理的状態／期待外れ、思っていたほどではなかったと落胆
アドバイス／本当の気持ちを見極めて！

　「この人こそ運命の相手」そう思ったはずなのに、何かがぎくしゃくしているようです。決別まではいかなくとも「何か違う……」と感じているよう。今はまだ小さな心の亀裂ですが、そのまま放置していれば大きな溝となり、別離へと至る可能性も。

恋愛
- 正：結ばれる、結婚、胸が高鳴るようなときめき、思いを寄せられる、一瞬にして燃え上がる
- 逆：気持ちがかみ合わない、イメージ先行の恋、肌が合わない、性の不一致

対人関係
- 正：親友ができる、ツーカーの仲、これまでつき合ったことのない友人、和解する
- 逆：伝達ミス、誤解が生じる、すれ違い、お節介な行動、ノリが合わない、意外な一面を知る

仕事
- 正：ビジネスパートナーと出会う、念願が叶う、新プロジェクトが始まる、共同事業、コラボ
- 逆：期待したほどの結果が出ない、チームの連携がうまくいかない、頼れる人がいない

お金・その他
- 正：経済的な発展、二人の新居を買う、魅力が高まる、パーティー
- 逆：思ったほどの収入が得られない、満足できない結果、傷ついた心を癒す必要あり

カップの3
THREE OF CUPS

KEY WORDS 祝 福

Story このカードのストーリー

舞い踊り、祝福する3人の乙女……運命の出会いを果たした主人公のために、宴が催されているようです。このカードは、外から不意にやってくる幸運というよりは、今まで培ってきたものが実り、周囲からの祝福を受けることを表しています。内面的にも満たされ、喜びの絶頂と言えるでしょう。

ウェイト版　マルセイユ版

Card Reading このカードが出たら…

正位置
状況・運気／結論に到達する、大勢の人に祝われる
心理的状態／喜びを感じる、誇らしさ
アドバイス／これまで支えてくれた人に感謝を！

おめでたいことが起きるかもしれません。これまで手がけてきたことに、一つの結論が出て、他者から評価を受けるでしょう。人間関係においては、調和や、わだかまりの解消、絆の深まりを暗示。円満で、未来に希望を感じさせるカードです。

逆位置
状況・運気／不和やトラブル、まとまらない
心理的状態／満たされない、誘惑に負ける
アドバイス／深追いせずに一度、状況をリセット！

逆位置になると一転して、美しい乙女たちの調和が崩れているさまを表します。話がまとまらない、妨害される、ダイレクトに三角関係を示すことも……。幸せを得たいのに得られないというジレンマがあり、このまま進んでも誰にも祝福されないでしょう。

恋愛
- 正　関係が祝福される、愛される、絆が深まる、一歩前進する、パーティーでの出会い
- 逆　誘惑を受ける、恋におぼれる、三角関係、均衡が崩れる、複数の相手の間で迷う

対人関係
- 正　敵が味方へと変わる、人から温かいサポートを受ける、親睦を深める、調和した関係性
- 逆　悪の道に引きずり込もうとする人物、表面的なつき合い、妨害される、感情のもつれ

仕事
- 正　発展的な流れ、抜擢される、プロジェクトの成功と完結、表彰される、円満退社
- 逆　うまくいっていたことに邪魔が入る、目標を見失う、仕事よりプライベートを優先する

お金・その他
- 正　満足できる収入、ギフトがもたらされる、人が大勢集まる場所、祝賀パーティー
- 逆　出費がかさむ、祝い事への支出、堕落した生活、暴飲暴食、貯金を切り崩す

カップの4
FOUR OF CUPS

KEY WORDS　**物思いにふける**

Story　このカードのストーリー

主人公は、何か思案しているよう。自分が手に入れたかったのは、本当にこれだったのか？　他の選択肢があったのでは？……実は、彼の背後にあるカップがその「答え」なのですが、目の前のカップにしか注目していません。本当に大事なことを、見失っている状態を示すカードです。

ウェイト版　マルセイユ版

Card Reading　このカードが出たら…

正位置
状況・運気／マンネリ感、逡巡する、迷いの最中
心理的状態／本当に大事なものを見失っている、ないものねだり
アドバイス／重要な決断をするのは避けて!

満たされない思いがあるようです。頑張ったほどの成果が、得られていないのかもしれません。考えているものの、堂々巡りで結論が出せない様子も……。それは本当に考える必要があることですか？　本当の答えは、思ってもみないところにあるものです。

逆位置
状況・運気／スランプからの脱出、変化の時
心理的状態／迷いが消える、やる気が戻る
アドバイス／「すべてはムダではなかった」と気づいて!

逆位置になると、「答え」を示す背後のカップに焦点が当たります。スランプから抜け出し、正しい答えを選べること、新しい目標を見いだせることを暗示します。内にこもって逡巡していた状態からは、一歩踏み出すことができるでしょう。

恋愛
正　刺激のない関係、ありきたりの会話、相手に不満がある、長い片思い、煮え切らない
逆　膠着した状況を抜け出す、関係性に変化が訪れる、予想外の人と恋に落ちる

対人関係
正　代わり映えのしないメンツ、グループから抜け出したい、なれ合い、疲労感のある関係
逆　関係性に新たな展開、周囲の注目を集める、刺激的な友人との出会い、魅力的なお誘い

仕事
正　殻を破れない、チャンスが欲しい、転職や独立を考える、仕事に飽きる、不完全燃焼
逆　新しいビジネスに着手、状況が変化する、思わぬチャンス到来、才能を発揮できる

お金・その他
正　収入増が見込めない、堂々巡りする、将来に対する漠然とした不安、保険をかける
逆　新しい収入源、思っていたのとは違う答えを手にする、今まであったものの良さを再認識

カップの5
FIVE OF CUPS

KEY WORDS　悲しみ

Story このカードのストーリー

無残に倒れた3つのカップ。大切なものを失い、失意に沈む主人公が描かれたカードです。手は2本しかないのに、身に余るものを望んでしまったのかも……。失ったものへの執着や後悔が強いですが、それを取り戻そうとしても焼け石に水。状況を受け止め、諦めるよりほかないことを示します。

ウェイト版　マルセイユ版

Card Reading このカードが出たら…

正位置
状況・運気／取り返しのつかない事態、喪失
心理的状態／ショックを受ける、どうしていいかわからない
アドバイス／できるだけ早く、方向転換を!

「あの時こうしなければ……」と深い後悔が湧き上がっているかもしれません。計画の破綻や、愛する人との別離など、取り返しのつかない事態を前に、悲しみにくれていることも。でも、失っていないものもあることに気づくのが、現状打開のカギ。

逆位置
状況・運気／再生と復活、どん底からの再起
心理的状態／気力がよみがえる、再挑戦を志す
アドバイス／今度こそ、本気で取り組んで!

逆位置になると、主人公の背後に残った2つのカップに焦点が当たります。悲しみから抜け出し、もう一度再生の道を歩み始める、不遇の状態が終わる、終わったかに見えたものが復活する、という意味も。再挑戦する気力が、少しずつ戻っている状態です。

恋愛
- 正：愛する人を失う、別れ、悲しみにくれる、どうにもならない、相手に失望する
- 逆：終わったと思った縁が復活、未練を断ち切る、再度アプローチする、新しい出会い

対人関係
- 正：決定的な別離、大事な人が去る、相手との関係を見限る、言い訳やとりつくろいは逆効果
- 逆：関係をリセットし、一から築き直す、昔の友人との関係が復活する

仕事
- 正：うまくいきかけていたのに失敗する、ボツになる、頑張ったことが報われない、落選
- 逆：不遇の時代の終わり、もう一度やり直す、ボツ案が再浮上、諦めた夢に再挑戦する

お金・その他
- 正：不遇の状態が終わる、貧しさからの脱出、大事なものを紛失、破損する、精神的ショック
- 逆：苦しい状況から脱する、なくしたものが返ってくる、少しずつやる気がみなぎる

カップの6
SIX OF CUPS

KEY WORDS　心あたたまる交流

Story　このカードのストーリー

　幼く純真な子供たち……失意にくれた主人公は、幸せだった過去を回想しているよう。過去を思い出し憧憬(しょうけい)を抱くことは、時に傷ついた心を癒(いや)してくれるもの。無欲で純粋だった自分を思い出す、原点回帰のカードでもあります。「自分が本当に求めていたもの」を見つめ直すことがカギに。

ウェイト版　マルセイユ版

Card Reading　このカードが出たら…

正位置
状況・運気／過去を懐かしむ、もう一度立ち上がる
心理的状態／本当の目的に気づく、愛されていることを知る
アドバイス／再出発の時はもうすぐ!

　正位置では、幸福な過去のヴィジョンです。幸せだった時間、家族から注がれた惜しみない愛……。純真無垢だった自分を振り返り、心が深く癒されていくでしょう。過去は過去とわかっていても、幸せな記憶はあなたに、もう一度立ち上がる力をくれます。

逆位置
状況・運気／過去を乗り越える、新しい展開
心理的状態／傷が癒える、思いを断ち切る
アドバイス／後ろ向きな気持ちを切り替えて!

　逆位置では、ややつらい過去のヴィジョンです。過去に失ったもの、心に受けた傷やトラウマ……。ですが、それらは癒える時が来ています。その瞬間は傷がうずくかもしれませんが、それと対峙(たいじ)することで、今ならその経験を血肉に変えることができます。

恋愛
正　過去の恋を懐かしむ、気持ちを整理する、本当に求めている異性に気づく、純粋な人物
逆　過去の恋で受けた心の傷を癒す、恨みを手放す、失ったものこそ最高だったという幻想

対人関係
正　家族愛や兄弟愛を実感する、昔の友人に連絡を取る、無邪気な子供と接する
逆　親や他人から受けた仕打ちを許す、人づき合いにまつわるトラウマを癒す

仕事
正　「昔はよかった」という思い、基本のやり方に戻る、本当の夢を思い出す
逆　失敗の経験をバネにする、「あの時こうしていたら」という後悔や無念を手放す

お金・その他
正　安定した生活、思ったよりも早い心身の回復、実家へ帰省する、アルバムを見返す
逆　生活が少し楽になる、つらい記憶は過去のものと理解する、失ったものを忘れる

カップの7
SEVEN OF CUPS

KEY WORDS　妄想・迷い

Story　このカードのストーリー

過去から未来へ……主人公は一歩踏み出すことを決めたものの、どの方向へ進めばいいのかわからなくなっているようです。自分は一体、何を望んでいるのか？　雲は迷いを、そして描かれたアイテムは、地位や名誉、富、愛情などさまざまな願望を表し、そこから何を選び取るかを決める段階です。

ウェイト版　マルセイユ版

Card Reading　このカードが出たら…

正位置
状況・運気／混乱した状況、妄想にふける、非現実的
心理的状態／誘惑に負ける、自信のなさ、気の迷い
アドバイス／自分の本当の気持ちを見極めて!

正位置は、選択肢を前に、選びきれない状態を暗示。迷いが多く、自分自身の魂の望みにも気づけていません。一時の誘惑に負け、本意ではないものに手を伸ばそうとすることも。あるいは「自分には手が届かない」と思い込んでいる場合もあります。

逆位置
状況・運気／目の前の霧が晴れる、思わぬチャンス
心理的状態／大切なことに気づく、迷いが断ち切れる
アドバイス／自分が願ったことが、現実になると知って!

逆位置では、真の欲求に気づき始めています。夢から覚め、現実をきちんと直視する意思が芽生えてくるでしょう。悩み抜く中で、自分が欲しいと望んでいたものは、まやかしだったと気づくことも。その過程を経て、本当の目標を見つけ出せるはず。

恋愛
- 正：恋に恋する状態、ドラマや漫画の恋に憧れる、複数の相手の間で揺れる
- 逆：現実的に実りある恋、理想のイメージを描き換える、本当に大切な人に気づく

対人関係
- 正：迷い多く悩ましい状態、他人の欲求を自分のことのように感じる、人の状況に翻弄される
- 逆：自分の立ち位置が見えてくる、他人に振り回されなくなる、表面的なつき合いをやめる

仕事
- 正：計画が漠然としている、無謀なチャレンジ、裏付けがない、自分には無理と思い込む
- 逆：ヴィジョンを具体化する、思わぬ援助がある、より望ましい会社への転職

お金・その他
- 正：不安定な収入、信用できない儲け話に乗る、メディアが作り出すイメージに踊らされる
- 逆：安心できる収入源、地に足のついた考え、自信がついてくる、悪習慣を断つ

カップの8
EIGHT OF CUPS

KEY WORDS　真の望みに気づく

Story　このカードのストーリー

　選択を試みた主人公ですが、用意されたものの中に、自分が本当に望んでいるものはなかったのかもしれません。価値あると信じていたものは、すべて幻想だった……。主人公はそれらに背を向け、魂が求める真実を探す旅に出ました。価値観の転換、そして「目覚め」を表すカードでもあります。

ウェイト版 　　マルセイユ版

Card Reading　このカードが出たら…

正位置
状況・運気／転換期、まったく違う人生を歩み始める
心理的状態／精神性の向上、今までしてきたことに情熱を失う
アドバイス／リスクを恐れず、新しい生活に飛び込んで！

　目の前が、急に色あせて見えるかもしれません。これまで懸命に頑張ってきたものに対し、「なぜこんなもののために？」と疑問が湧くでしょう。今の仕事に虚しさを感じたり、遊びではない本気の恋がしたいと望んで、まったく違う人生を歩み始めることも。

逆位置
状況・運気／過去の清算、リニューアル
心理的状態／変わりたいという衝動、向上心があふれる
アドバイス／新しい習慣を取り入れて！

　正位置が精神的な覚醒とすると、逆位置はもう少し現世的。生活習慣の改善や腐れ縁の解消、新しい人脈作りなど、過去を断ち切り、人生を変える方法を模索する暗示。まだ深い意味での精神的変革には至りませんが、何かが少しずつ変化しています。

恋愛
正　思いが冷める、イヤな部分が目につく、本当の恋を探し始める、恋に対する意識が変わる
逆　恋人との関係に決着をつける、腐れ縁を絶つ、新しいタイプの人との出会い

対人関係
正　いつも一緒にいる仲間にうんざりする、向上心のない人間、話が合わないと感じる
逆　新しい人間関係が生まれる、使わないアドレスを削除する、過去を水に流す

仕事
正　やりがいを感じない、会社の方針に違和感、転職やリタイア、別ジャンルへの転身
逆　デスク周りの掃除、過去の仕事の資料を捨てる、目標を再設定する、副業を始める

お金・その他
正　お金よりも大切なものに気づく、ブランド品に興味を失う、服のテイストが変わる
逆　お金にまつわる習慣を変える、朝型生活に切り替える、不摂生をやめる、イメチェンする

カップの9
NINE OF CUPS

KEY WORDS 満たされる

――― *Story* このカードのストーリー ―――

本当の愛と幸せを求め、旅を続けてきた主人公。ですがそれは、どこか遠くにあるものではなく、自分の中にあったよう。周りに並ぶカップは、彼の心にあふれる愛の象徴。何かを求めれば欠乏感を感じますが、自分が最初から「すべて持っている」とわかれば、そこは幸せの楽園へと変わるのです。

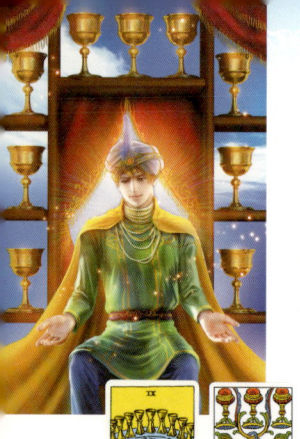

ウェイト版　マルセイユ版

――― *Card Reading* このカードが出たら… ―――

正位置
状況・運気／夢の実現、願いがことごとく叶う
心理的状態／大いなる満足、幸せの絶頂を感じる
アドバイス／すべてのものに感謝を忘れないで!

不思議なツキに恵まれ、物事がトントン拍子に進むでしょう。望んでいたものが次々と自分の元を訪れ、ずっと思い描いていた夢が実現する時。目的や願望が、自らの魂に忠実であれば、こんなにも天からの恩恵、人々のサポートがやってくるのです。

逆位置
状況・運気／夢破れる、目指す方向が間違っている
心理的状態／落胆と絶望、不当な扱いにいら立つ
アドバイス／終わるものに固執せず、再スタートを!

望んでいたものが、手に入らない状況を表します。「こんなに努力してきたのに、なぜ?」と思うかもしれませんが、もしかすると、目的自体が間違っていた可能性もあるでしょう。それは本当に必要なものですか? もう一度、心に問うてみてください。

恋愛
正　素晴らしい恋の結末、望みの相手を手に入れる、生涯添いとげるパートナーとの出会い
逆　恋が破れる、将来性のない関係、行き詰まる、打つ手のない状況、相手を恨む

対人関係
正　周囲からさまざまなサポートを得る、いい話が持ち込まれる、人が慕い集まってくる
逆　評判が下がる、不当な扱いを受ける、誰も助けてくれない、孤軍奮闘する

仕事
正　大きなチャンス到来、願っていた以上の結末、目標ラインを突破、周囲の称賛を得る
逆　予想をはるかに下回る、努力不足、間違った挑戦、意地になる、計画が遅延し進まない

お金・その他
正　莫大な富を得る、ボーナス額が大幅にアップ、お祝い金がもらえる、贅沢をする
逆　ムダなことにお金を費やす、大事なものを紛失する、堕落した生活、強欲さ

カップの10
TEN OF CUPS

KEY WORDS　幸　福

Story　このカードのストーリー

　主人公は幸せを手に入れたようです。「9」では他者が描かれていないことからも、その幸せはまだ自己満足的ですが、「10」では、得たものを分かち合う人が描かれています。本当の幸福感は、一人では感じられない。共に喜べる人がいてくれるからこそ……そんな真の幸せの姿を象徴しています。

ウェイト版　マルセイユ版

Card Reading　このカードが出たら…

正位置
状況・運気／心が通い合った関係、将来への不安が消える
心理的状態／涙があふれるほどの幸福、安心感と喜び
アドバイス／周りにいる、すべての人を大切に!

　愛あふれる関係に恵まれる時です。恋人、友人、家族……お互いに思いやり、慈しみ合う、表面的ではないかかわりが生まれるでしょう。困った時には助け合い、穏やかで笑いの絶えない生活。あなたにとって、かけがえのない居場所ができるでしょう。

逆位置
状況・運気／対人トラブルに疲弊、冷遇される
心理的状態／逃げ出したい、誰にも会いたくない
アドバイス／何があっても、愛は自ら注ぎ続けて!

　対人関係のいざこざが発生しそうです。気持ちの行き違いや不和、誤解、関係性の破綻……またはあなた自身が、「誰もわかってくれない」と殻にこもってしまっている場合も。愛は与えられるのを待つのではなく、自分から注ぐことが大切です。

恋愛
- **正**　愛する人との穏やかな日々、結婚、子宝に恵まれる、夫婦の仲が再び円満に
- **逆**　気持ちが伝わらない、第三者の邪魔が入る、家庭内別居、一緒にいても心は孤独

仕事
- **正**　ピンチを救われる、チームプレーで成果を挙げる、居心地のいい職場、仕事を継承する
- **逆**　職場の人間関係がストレス、困っていても誰も助けてくれない、一人で全部やろうとする

対人関係
- **正**　和気あいあい、家族の親睦を深める、家族間のわだかまりが消える、良好な親子関係
- **逆**　対人トラブルに巻き込まれる、いい関係を築けない、心を閉ざす、他者を拒絶する

お金・その他
- **正**　お金に困っても必ず援助がある、平凡な中に幸せを感じる、家やマンションを買う
- **逆**　困窮した生活、他人の出費を肩代わりする、家屋にまつわるトラブル、保険をかける

カップのペイジ
PAGE OF CUPS

KEY WORDS 豊かな感受性

Story このカードのストーリー

　大海原を背景に描かれたカップのペイジは、水のエレメントの特性を存分に表しています。感情が豊かで、困っている人を放っておけない心優しさ。その分、やや流されやすいところもありますが、その温かい人柄で、多くの人に愛されています。人物で言えば、気が優しく甘え上手な若者です。

ウェイト版　マルセイユ版

Card Reading このカードが出たら…

正位置
状況・運気／感性が冴える、信頼関係を築く
心理的状態／他者への共感、愛の始まり
アドバイス／心に湧いた感情を形にして！

　生まれたての子供のように、感受性が高まっています。何気ない人の優しさに感動したり、素晴らしい芸術に心が震えるのを感じたり、弱き者の代わりに涙を流したり……。そんな繊細でピュアな感性は、創作活動に優れた才能を発揮することも。

逆位置
状況・運気／現実についていけない、未熟な判断
心理的状態／情緒不安定、誘惑に負ける
アドバイス／ひとり静かに過ごす時間が必要！

　逆位置では、感受性の豊かさが裏目に出ます。情緒不安定になり、不安から逃避するため極端な行動に出ることも。二股(ふたまた)をかけたり、アルコールに依存したり、水が高いところから低いところへ流れるように、堕(お)ちていく可能性をはらんでいます。

恋愛
- 正：新たな恋の始まり、ときめき、愛情深い、淡い恋心を抱く、面倒を見たくなる年下の異性
- 逆：ストーカーに悩まされる、親切を勘違いされる、二股や浮気に走る、本気になれない

対人関係
- 正：助け合いの精神、相手を傷つけないよう配慮する、相手を慰める、共感する
- 逆：ノーと言うことができない、悪い仲間とつき合う、人の影響を受けすぎる

仕事
- 正：素晴らしいアイデア、福祉的な活動、創造的な作品を残す、未知数の才能
- 逆：考えがまとまらない、思いを言葉で説明できない、遅刻や欠勤が増える

お金・その他
- 正：お金にはこだわらない、寄付や募金をする、直感が冴える、アートを鑑賞すると吉
- 逆：つまらないことにお金を使う、ギャンブルやアルコールへの依存、自暴自棄

カップのナイト
KNIGHT OF CUPS

KEY WORDS **ロマン**

✤ Story このカードのストーリー ✤

　白馬にまたがった騎士、カップのナイトはまさに愛の使者。その杯になみなみと愛を注ぎ、恋人の元へ向かいます。ペンタクルのナイトが恋人に指輪を贈るとしたら、カップのナイトは、思いをロマンティックな愛の言葉で表現するでしょう。人物で言えば、優しく相手を包み込むような男性です。

ウェイト版　マルセイユ版

✤ Card Reading このカードが出たら… ✤

正位置
状況・運気／告白やプロポーズ、説得する
心理的状態／結果に満足する、ロマンティスト
アドバイス／勇気を出して、ぶつかって!

　思いを伝えたり、伝えられるという出来事が起きやすい時。あなたが思いを打ち明けることもあれば、相手から胸の内を明かされることもあるでしょう。正位置の場合は、それが喜ばしい結果になることを暗示。恋愛だけでなく、仕事においても同様です。

逆位置
状況・運気／告白やプロポーズ、説得する
心理的状態／不満足な結果、見かけ倒し
アドバイス／一度、仕切り直すことが必要!

　思いを伝えたり、伝えられるという出来事が、不本意な結果となることを暗示。相手に思いを拒絶されたり、きちんと伝わらないことも……。また、予想とは違う相手からアプローチされる、ということもあります。ねじれた状況は、どこかで方向転換を。

恋愛
- 正　意中の人に求愛する（される）、気持ちが受け入れられる、幸せな関係の始まり
- 逆　意外な人からの求愛、ムードに酔って過ちを犯す、不誠実な相手、アテにならない約束

対人関係
- 正　気前のいい人物、強そうに見えて繊細で傷つきやすい人物、いい友情に恵まれる
- 逆　期待していた相手が頼りにならない、約束や時間にルーズな人物、非難される

仕事
- 正　企画をプレゼンする、説得に当たる、ビジュアルイメージ、データよりも感情に訴える
- 逆　プレゼンの失敗、派手だけれど中身のない企画、空回りする、仕事より恋に執心する

お金・その他
- 正　お金にまつわる懸念が消える、経済力が底上げされる、ロマンティスト
- 逆　アテにならない収入、金銭感覚が鈍い、散財が多い、妄想にふける

カップのクイーン
QUEEN OF CUPS

KEY WORDS 愛を注ぐ

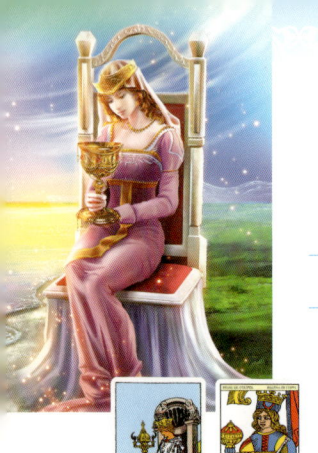

―・―・―・―・― *Story* このカードのストーリー ―・―・―・―・―

ウェイト版　マルセイユ版

　カップのクイーンは、まさに慈愛の象徴。恋愛にとどまらず、すべての命に分けへだてなく愛情を注ぎ、世界が平和であるよう願っているでしょう。見返りなど求めません。「愛を与える」という行為そのものが、このうえない喜びなのです。人物で言えば、思いやりに満ちた大人の女性です。

―・―・―・―・― *Card Reading* このカードが出たら… ―・―・―・―・―

正位置
状況・運気／人との交流が親密化、関係を育む
心理的状態／愛情豊か、思い続ける
アドバイス／あらゆるものに、愛を与えて!

　何かを愛する気持ちが高まっている時です。それは意中の相手ということもあれば、周りにいる人々、手がけている仕事や趣味であったりもするでしょう。何かこじれた関係があったとしても、愛を注ぎ続ければ、必ず状況は好転していくはずです。

逆位置
状況・運気／不均衡な愛情がもたらすトラブル
心理的状態／一方通行、愛情過多
アドバイス／感情に任せた判断をしないように!

　愛する気持ちは高まっているものの、ねじれた方向に進んでいるようです。過度に愛を注いで、相手を甘やかしたり、相手に同じだけの愛を返してほしいと望んだり。また、あなたの愛を利用される恐れも……。いったん冷静になったほうがいいでしょう。

恋愛
- 正　愛を交わし合う相手が見つかる、家庭の幸福、関係を育んでいる真っ最中、母性的
- 逆　思いが通じない、愛をもてあそばれる、感情的に取り乱す、求めていない相手に愛される

対人関係
- 正　相手を寛大に受け止める、困っている人をサポートする、グチを聞く、慰める
- 逆　甘やかす、過干渉、感情的すぎる自分を扱いきれない、わがまま、烈火のごとく怒る

仕事
- 正　インスピレーションの高まり、社会的な貢献度の高い仕事、愛情込めて作業を行う
- 逆　愛のない利益重視の仕事、感情的になって判断を誤る、人の仕事を請け負いすぎる

お金・その他
- 正　お金に対する不安はない、無償で奉仕する、直感的な判断が功を奏する
- 逆　お金がいくらあっても満たされない、湯水のごとく散財する、イヤな予感が的中する

カップのキング
KING OF CUPS

KEY WORDS　寛　大

―・・・・・・・ *Story* このカードのストーリー ・・・・・・・―

　カップのキングは四大元素で言うと、水を司る象徴です。水は感情、優しさ、愛情、流動性を意味しています。悠然と椅子に鎮座している王は、海のような寛大さと、温かさを秘めていますが、ひとたび嵐となれば荒れ狂う海原のように、時には激しく、支配的な一面をあらわにすることも……。

ウェイト版　マルセイユ版

―・・・・・・ *Card Reading* このカードが出たら… ・・・・・・―

正位置
状況・運気／多くの人の協力を得て成しとげる
心理的状態／安らかな心、世話好き
アドバイス／常に思いやり深い行動を！

　穏やかにないだ海原のように、静けさ漂う時。共感し、情緒的で寛容な優しい側面がクローズアップされています。ささいな問題や、状況の変化も上手に切り抜けられるでしょう。寛大な年上男性、人望が厚く、信頼されている人物像を暗示している場合も。

逆位置
状況・運気／誰も助けてくれない、嫌われていても気づかない
心理的状態／気持ちを抑えられない、暴走、横暴
アドバイス／自らの態度を省みて！

　激しい感情の波を、コントロールできていないようです。予期せぬ出来事に遭遇して不安をかき立てられたり、思いをもてあましているかもしれません。感情に翻弄されて、冷静な判断力を欠いていることも……。心を落ち着け、嵐が過ぎるのを静観して。

恋愛
正　年下から頼られる、頼りになる年上の人、かいがいしく世話をする、理想のパートナー
逆　自分の気持ちを押しつける、プレゼントなどを貢ぐ、相手の気持ちを無視する

対人関係
正　義理人情にあつい人物、同情心、相手の境遇に共感、支援を申し出る、パトロンの出現
逆　自分さえよければいい、周りからうとまれる、人の顔色ばかりうかがう、他者に冷淡

仕事
正　芸術的才能の開花、社会のためになることをする、リーダー的存在、有力者のサポート
逆　独断で事を進める、責任逃れをする、偽善的な事業、強引なやり方で非難される

お金・その他
正　安定した収入、ピンチの時に強運に恵まれる、自己実現を果たす、芸術に投資する
逆　稼いだお金を散財、ギャンブルにのめり込む、欲にブレーキをかけられない

COLUMN コートカードを人物で例えると……？

　小アルカナの中でもコートカードは、それぞれの人物に「火・地・風・水」の四大元素が対応しており、その要素を加えてイメージを広げることもできます。

　またコートカードは、特定の「人物像」を示すカードとして解釈することも可能です。占いの際にコートカードが出た場合は、それが質問者にとって誰を指しているのか、イメージしてみましょう。その人物が、その問題におけるキーパーソンとなっている場合もあります。

　コートカードをより身近に感じるために、「このカードの人物は、自分の周りにいる人で例えると誰？」というイメージトレーニングをしてみるのもおすすめです。

	四大元素	人物像	<イメージの広げ方 一例>「職場の人で例えると?」	
キング	火（直観）	父親、年配の男性 リーダー、上司 権力を持った人 経営者 カリスマ性のある人物	ワンド	実直だがワンマンタイプの上司
			ペンタクル	資産家で、管理能力の高い上司
			ソード	知的で経験豊かな上司
			カップ	悩みやグチを聞いてくれる上司
クイーン	水（感情）	母親、既婚の女性 キャリアウーマン 成功した女性 女性的な存在	ワンド	明るく朗らかで、ここぞというときに頼れる女性の先輩
			ペンタクル	控えめながら実務能力に秀でた女性の先輩
			ソード	ユーモアがあり、アイデア豊富な女性の先輩
			カップ	困った時は優しく教えてくれる、部下思いの女性の先輩
ナイト	風（思考）	社会人 即戦力となる人物	ワンド	チャレンジ精神が旺盛で、バイタリティーあふれる同僚
			ペンタクル	コツコツと信頼と実績を築く同僚
			ソード	弁が立ち、プレゼン能力にたけた同僚
			カップ	温和でムードメーカーの同僚
ペイジ	地（感覚）	若者、子供 未成年 学生 新たなスターを切ろうとしている人	ワンド	明るく、やる気のある部下または後輩
			ペンタクル	そつなく雑務をこなしてくれる部下または後輩
			ソード	機転が利いて、発想がユニークな部下または後輩
			カップ	人なつっこく、癒しキャラの部下または後輩

第4章

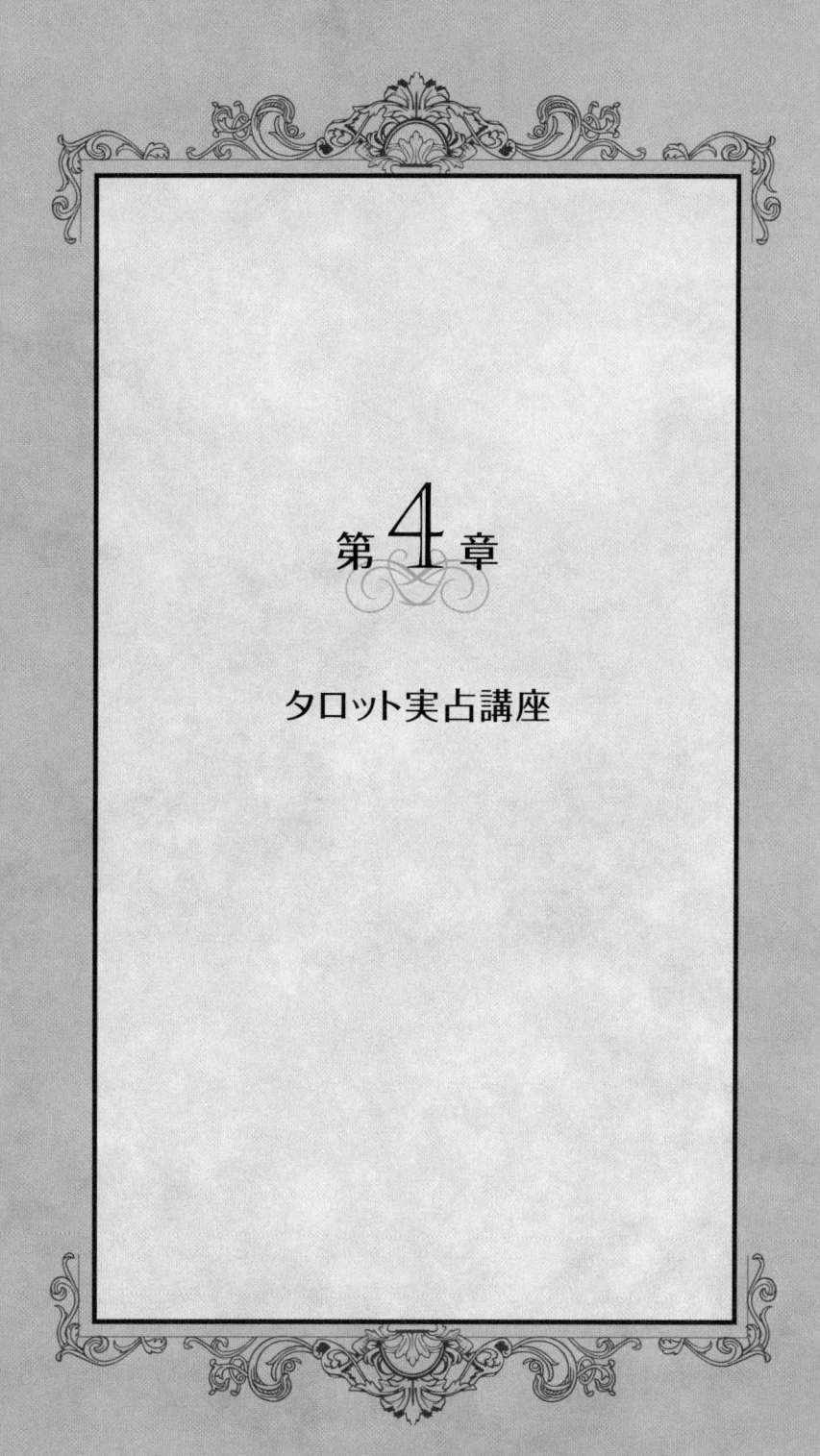

タロット実占講座

占いのための準備

❀ まずはカードに触れてコンタクトを

　お気に入りのタロットカードを手に入れたら、占いを始める前に、カードにしっかり「あいさつ」をしましょう。これから、幾度となくあなたの運命を占い、あなたの人生に寄り添い続けるカードとなるわけですから、ファーストコンタクトはとても重要です。

　まずは、1枚1枚のカードを手にとって、じっくり眺めてみましょう。使い始めはカード同士がくっついていることもあるので、1枚ずつきちんと手で触れることでシャッフルやカットがしやすくなります。
　また、それぞれのカードを見た時の第一印象は、今後とても重要になります。「穏やかな雰囲気」「何だかさみしそう」「凛々(りり)しい表情」など、絵の隅々まで見ながら、自分なりにイメージを広げてみてください。これはカードにあなたの「気」を入れる作業でもあり、シンクロ率を高める作用があります。すべてのカードにあなたの気が通ったのを感じたら、早速占いを始めましょう！

❀ あると便利な「タロットクロス」

　タロットカードさえあれば、すぐに占いを始めることはできますが、あると便利なのが「タロットクロス」。これはタロット占いをする時に、テーブルなどに敷く布のことです。
　カードをテーブルの上でかき交ぜることを「シャッフル」と言いますが、使い込むうちに、だんだんカードの表面がすれて、色あせてきてしまいます。クロスを敷いておくことで、カードへの衝撃を和らげ、長持ちさせることができます。
　また占いをする際、視界にさまざまな色が入ってくると、気が散ってしまうことがあります。クロスを敷くことで外界の情報を遮断し、意識をカードに集中できます。気がブレるのを防ぎ、「占いの場」を作るのにも便利です。

「タロットクロス」として市販されているものもありますが、大判のハンカチや好きな布を使用してもいいでしょう。その際は柄物ではなく、単一色のシンプルなものがおすすめです。

✤ 占いにふさわしい「場所」とは？

　タロット占いは、自分でも気づいていない、心の深層に触れる占いです。ですから「今日中に銀行に行かなきゃ」「今日の夜ごはん何にしよう」「そういえば、あの人に連絡をとらないと……」など、日常のさまざまなことに気をとられていると、どうしても心の扉は開きづらくなります。そのため、タロット占いをする際には、メンタルを「日常の意識」から「占い意識」に切り替えることがとても大事です。

　実はこの「占い意識」とは、「瞑想状態」にとても近いものです。

　瞑想と言うと難しそうですが、要は全身がリラックスしていて、副交感神経が優位になり、どんどんイメージが広がっていくような状態です。就寝時、眠りに落ちる直前のまどろみのような感覚に近いかもしれません。こうした精神状態にあると、人間の心の扉は開きやすくなります。

　ですが「瞑想してください」と言われても、日頃トレーニングしている人以外、なかなか難しいでしょう。そこで「占い意識（瞑想状態）に入りやすくなる環境を作る」ことも、占いの的中率を上げるためには良い方法です。

　占いの館などは、部屋の中が薄暗くなっていたり、キャンドルが灯されていたり、不思議なBGMが流れていたり、お香の香りが漂っていたり……ということがあります。こうした演出は、副交感神経を活性化させて、「日常の意識」から「占い意識」にもっていくための、導線になっているのです。

147

自宅で占う際にも、誰かの話し声が聞こえたり、テレビがついた部屋などでは、どうしてもそちらに気をとられ、「日常の意識」に引き戻されやすくなります。「自分が占い意識に入りやすいのは、どんな状態か」を考えれば、おのずとベストなシチュエーションが見えてくるはずです。

✿ 占いに適した「時間」とは？

基本的には、いつ占ってもOKです。よく「深夜は占うべきではない」と言われたりしますが、夜が更けてくると、妄想が広がったり、判断に魔が差しやすくなる……と言われているためであって、しっかり集中し、冷静な判断を下せるならば問題はありません。むしろ周囲が静まり返り、日中のザワザワ感がない時間帯のほうが、集中力が高まる人もいるでしょう。

また飲酒時は、意識がもうろうとして占いどころではない人もいますし、ちょっとお酒を飲んだほうが、不思議といつもより直感が冴えてくる人もいます。こうしたことは個人差のあることなので、一概に「これはいい」「これはダメ」とは言えないものです。

時間帯というよりはむしろ、占い手のコンディションによるところが大きいと言えます。気持ちが落ち着かない、疲労がたまっている、いくらシャッフルしても次々と雑念が湧いてきてしまう、気持ちが一つにまとまらない……こうした時は、占うのはやめておきましょう。

✿ ストレッチや「禊ぎ」もおすすめ！

タロット占いをする際、占い手の心身のコンディションはとても大切です。何かで悩んでいたり、不安を抱いていることも、当然ながら多いと思いますが、そういう時は、気持ちがザワつき、占いに集中できなかったり、カードをネガティブに読みがちになったりします。

それをほぐすために、おすすめなのがストレッチ。筋肉のこわばりをほぐすことで、体だけでなく、心も自然と落ち着いてきます。またお風呂に入る、手を洗うなど、「禊ぎ」的な行為をして気分を一新しておくと、占いをする気持ちへと切り替えることにもつながり、「占い意識」に入りやすくなるでしょう。

タロット占いの手順

　①から⑤までの手順は、時間のある時に行って構いませんが、⑥から⑧までは、しっかり集中し、カードと向き合いながら行いましょう。
　それぞれの手順について、次ページから詳しく説明していきます。

占う前に……

① 何を占うか、考える
　⬇
② 「質問」の形にする
　⬇
③ スプレッド（カードの展開法）を選ぶ
　⬇
④ 使うカードの枚数を選ぶ
　⬇
⑤ 逆位置をとるかどうかを決める

いよいよ占いを開始！

⑥ カードを交ぜ合わせる（シャッフル／カット）
　⬇
⑦ カードをスプレッドに配置し、めくる
　⬇
⑧ カードの意味を読んでいく

占いを終えたら……

⑨ カードはていねいにしまう
　⬇
⑩ 出た結果を心に留める

149

占う前に……

① 何を占うか、考える

　実際にカードを手にとって占いを始める前に、とても大切なステップがあります。それが「質問の内容を決める」こと。「彼と両思いになりたい！」「転職したい！」とハッキリ言える場合は、それでいいのですが、悩みというのは案外、もやもやしていて言葉にできなかったりするものです。
「自分はこのことで悩んでいる」と思っていたとしても、それについて考えていくうちに、「あれ、本心とはちょっと違うかも」と思ったり、「こうなりたい」と思っていたはずなのに、漠然としたヴィジョンしか持っていないことに気づいて、「本当にそうなりたいのかな」と疑問が湧いてきたり……。
　そんな状態でタロットにたずねても、ピント外れの答えを返してくるだけです。誤った結果を信じたり、カードの意味を曲解してしまうこともあります。
　質問を考える、それは、自分の本心と向き合うことでもあります。「本当にそれを望んでいるの？」「本当はどうなりたいの？」と、カードで占う前に、まずは自分の心に問いかけてみてください。

　そもそもタロットに聞くべきではない質問も存在します。一般的なルールとして、死期にまつわることはご法度とされていますが、実はほかにもあります。
　たとえば、「彼のことは嫌いではないけれど、もうひと押し決め手に欠ける。これからもっといい人が現れるなら、別れてもいいかも……」なんて心境のまま、「これからいい出会いはありますか？」とカードを引く……。
　このように、どっちつかずの気持ちのまま「未来の出会い」を占っても、的確なカードは出ません。その人の人生の道筋が、「未来の出会い」に向けて完全につながっていなければ、それを占うことは難しいのです。むしろ、そうした質問者の曖昧な心理を、そのまま表すようなカードが出てしまうでしょう。
　この場合は、「今の彼との関係をどうしたらいいのか」ということを、先に占ったほうがいいでしょう。たとえば、彼と別れることを決めた後に、「私にこれから出会いはありますか？」と聞くのは問題ありません。

＜うまく質問が立てられない時に……＞

もやもやした気持ちを整理する
「心の鏡」スプレッド

　知りたいことはあるけれど、どうしても気持ちがまとまらない。問題が複雑にからみ合っていて、何から聞けばいいのかわからない。不安や閉塞感(へいそくかん)が強すぎて、その原因がわからない……そんな時には、この「心の鏡」スプレッドを使って、タロットにたずねてみましょう。タロットが、あなたの心をありのままに映し出す「鏡」の役割をしてくれます。

① シャッフル（もしくはカット）した
　カードを1つの山にまとめます。
② 山に手をのせ、カードを
　ざっと横一列に広げましょう。
③ この中から一番気になるカードを
　1枚、引いてください。

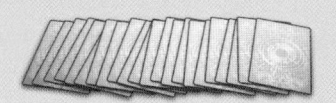

　ここで出たカードは、今のあなたの状況を表しています。カードとあなたの今の気持ちを、照らし合わせてみてください。そして、そのカードの視点から、質問を立ててみましょう。

例 恋も仕事も…… 何もかもうまくいかなくて、もうイヤ！

出たカード
吊るされた男

「私もこのカードと同じように、**身動きがとれない状態にある**のかもしれない……。では、何が私の足を縛っているんだろう？　この"縛っているもの"について、タロットに聞いてみよう！」

　この「心の鏡」スプレッドは、他人を占う際にも使えます。相談者の頭の中がまとまっていないと感じた場合や、相談者について知るための手がかりを得たい場合に、1枚引いてもらってください。そのカードが、相談者と占い手の間をつなぐパイプとなり、相手の情報が入ってくるようになるはずです。

②「質問」の形にする

　何について占うかが決まったら、それをタロットにたずねる「質問」の形にしましょう。質問を立てる時のポイントは、次の4つです。

● 質問の「主語」は誰なのかを、ハッキリさせる

　知りたいのは「彼」の気持ちなのか「自分」の気持ちなのか、はたまた「運気」なのか……。また、質問はあくまでも「自分」を軸にするのがコツです。

例

- ✗ 彼は私のことをどう思っていますか？
- ○ 私は彼にどのように思われていますか？

- ✗ あの人はなぜ私に意地悪をするのですか？
- ○ 私があの人の行動に傷ついてしまうのはなぜですか？

- ✗ この仕事は私に向いていますか？
- ○ 私はこの仕事に適性がありますか？

- ✗ プロジェクトのチャンスを後輩に横取りされたのはなぜですか？
- ○ 私がプロジェクトのチャンスをつかむにはどうしたらいいですか？

●「うまくいきますか？」という質問の仕方はNG

　つい口にしてしまいがちな「うまくいきますか？」という聞き方ですが、そもそも、何をもって「うまく」なのかわかりません。恋愛で言えば、別れることが、お互いにいい未来をもたらす場合もあります。

　単純に「いい・悪い」ではなく、具体的なヴィジョンを思い描きながら質問をしましょう。

例

- ✗ この恋はうまくいきますか？
- ○ 私は彼の中で、どんな存在になっていますか？
- ○ 私と彼の距離は、どのくらい近づいていますか？

- ✗ 新しい職場で、どうしたらうまくやれますか？
- ○ 新しい職場で、皆と和気あいあい話せるようになるには、どうしたらいいですか？
- ○ 新しい職場で、きちんと自分の役割を果たすには、どうしたらいいですか？

●より具体的に表現する！

　タロットは物事の吉凶のみならず、アドバイスやコツなど、質問の仕方に応じて、どんな問題にも答えをくれます。ですから問題の焦点を絞り、質問をシャープにしていくことで、願いを達成するための、より実践的なヒントを得られるはずです。

例
- ✗ このプレゼンは成功しますか？
- ○ このプレゼンは、どんな姿勢で臨めば成功しますか？

- ✗ 彼に告白すべきですか？
- ○ 彼に告白のOKをもらうには、今どのように接近すべきですか？

- ✗ 私が傷つきやすいのは、なぜですか？
- ○ 私が人の何気ない言動に過剰に反応し、「傷ついた」と感じてしまうのはなぜですか？

●利己的な質問はしない

　自分の利益だけを考え、そのために誰かを傷つけるような結果を望んだり、他人の気持ちを無理やり変えさせることを願ったり、またそれにかかわる人たちの幸せを奪うような質問はしないように。また、他人に対する利己的な思いから占いをするのもNGです。どうしてもそのテーマについて占いたい場合は、質問の仕方を変えましょう。

例
- ✗ あの人は、私のことを好きになってくれますか？
- ○ 私があの人に好きになってもらうには、どうすればいいですか？

- ✗ あの人が彼女と別れて、私のところに来てくれるでしょうか？
- ○ 私はあの人と、いつか一緒になることができますか？

- ✗ あの人に、仕事で勝つことはできますか？
- ○ 私が仕事で、ベストを尽くすにはどうしたらいいですか？

- ✗ 私にひどい仕打ちをする親を遠ざけるにはどうしたらいいですか？
- ○ 私が親と適切な距離をおいて、上手につき合うにはどうしたらいいですか？

③ スプレッド (カードの展開法) を選ぶ

　スプレッドとは、タロットをある「形」に配置したものです。カードが置かれた場所によって、「何に対する答えなのか」「この問題のどんな部分を表しているのか」など、多角的に占うことが可能になります。

　本書では、一般的にポピュラーなスプレッドに、オリジナルのパーティー・スプレッドを加えた、7種類を紹介します。スプレッドには、質問の内容に応じて得意・不得意がありますから、質問にふさわしいものを選んでください。

ワンオラクル　P168〜参照

一問一答で、ズバリ答えを出せる

・悩んでいること、質問の答えをパッと知りたい
・今日の運勢を知りたい
・今の心理状態を知りたい

ツーカード・スプレッド　P170〜参照

異なる2つの要素を見比べられる

・AとB、どちらを選択すべきか知りたい
・自分と彼の気持ちなど、2つの要素を対比したい
・複数の選択肢の中から、どれかを選びたい
（3〜4枚で応用）

スリーカード・スプレッド　P172〜参照

過去・現在・未来の「流れ」や「変化」がわかる

・運の流れや、物事の推移を知りたい
・物事や気持ちの変化を知りたい
・近い未来の運気が知りたい

ヘキサグラム・スプレッド　P174〜参照

二者の「相性」がわかる

・他人との相性を知りたい
・お互いの気持ちが、
　どのくらい寄り添っているか知りたい

ケルティッククロス・スプレッド　P176〜参照

問題の本質を、深く掘り下げられる

・悩みを引き起こしている問題点や、
　解決策を知りたい
・自分の性格や心の問題について知りたい
・対人トラブルを解決したい

ホロスコープ・スプレッド　P180〜参照

**大きな流れや長期スパンで、
運勢を見通せる**

・現在、置かれている状況を知りたい
・今の自分の全体的な運気を知りたい
・長期スパンの運気を知りたい
・今後の運勢の流れや、テーマを知りたい

パーティー・スプレッド　P184〜参照

皆でわいわい楽しめる

・お互い占い合うことで、友人との関係性を深めたい
・他人から見た、客観的な意見が知りたい

④ 使うカードの枚数を選ぶ

　タロットカードは、大アルカナ22枚、小アルカナ56枚、合わせて78枚ありますが、必ずしも毎回すべてのカードを使用する必要はありません。

　大アルカナのみ、また小アルカナの特定のスートのカードだけを使って占うこともできます。質問の内容に応じて、選ぶようにするといいでしょう。

　結婚、転職、独立など、人生を左右するような大きな問題や、告白するかどうか、どの学校を受験すべきか……といった、ハッキリとした答えが欲しい問題については、大アルカナ（またはフルデッキ）で占うのが適しています。

　一方、もっと日常的な問題や、人間の感情の機微を知りたい場合は、小アルカナで占うのがおすすめです。たとえば恋愛で言うと、まだ相手がいなくて、新しい出会いを占う場合は、大アルカナ（またはフルデッキ）がいいですが、恋人との関係について占いたい場合は、小アルカナのみでもOKです。

　小アルカナには、それぞれのスートごとに「得意なジャンル」があります。

　お金のことなら、やはりペンタクルが向いていますし、つき合っている彼との行き違いに悩んでいるなら、情愛を表すカップのカードがいいでしょう。仕事の成功ならば、熱意を表すワンドと、知性やコミュニケーションを表すソード。さらに成果を表すペンタクルを加えて、合計42枚で占ってみてもいいかもしれません。右ページの【各スートの得意ジャンル】を参照しながら、あなたの質問の内容に合わせて、使用するカードを選んでみましょう。

　熟練してきたら、78枚のフルデッキによるリーディングにも、ぜひトライしてください。大アルカナだけで占うよりも、解釈の幅がグンと広がりますし、紡ぎ出されるストーリーも格段に奥行きを増し、あなたの心に沿うものとなるでしょう。

【各スートの得意ジャンル】

　各スートが司るエレメントの意味の中から、質問内容に関係している要素を選び、そのカードを使って、好きなスプレッドで占ってみましょう。基本的なエレメントの意味を押さえておけば、カードをどう組み合わせるかは自由です。

ワンド	火	精神	情熱、創造性、生命力、やりたいこと、希望、目標、熱意、満足感、充実感、前進、行動力、熱中、アピールする
ペンタクル	地	物質	現実的・物質的な事柄、お金、名誉、地位、他者からの評価、健康、結婚、報酬、スキル、不動産にまつわること、契約
ソード	風	知性	知性、理性、会話、コミュニケーション、アイデア、論理性、言葉、同志、自由さ、思想、トレンド、知識
カップ	水	愛	愛情、人の心に関すること、恋愛、友情、イマジネーション、形のないもの、想像力、直感、霊感、共感、家族

⑤ 逆位置をとるかどうかを決める

　カードの正位置のみで占うのか、逆位置も含めて解釈をするのか、占う前に決めておいてください。最初に「逆位置も含める」と決めてから占えば、カードはそれに応じたカードを導き出してくれます。その点を曖昧なまま始めると、「逆位置が出ちゃったけど、イヤだから正位置にしよう」など、自分に都合のいい解釈をしてしまいがちです。

　初心者のうちは、正位置のみで占うのがおすすめです。逆位置について詳しくは、30〜33ページを参照してください。

いよいよ占いを開始！

⑥ カードを交ぜ合わせる（シャッフル／カット）

　質問の内容をイメージしながら、使用するカードを交ぜ合わせます。カードの交ぜ方には、「シャッフル」と「カット」の2種類があります。

　広いテーブルの上で行う場合はシャッフル、場所が限られている場合はカットを用いてもいいですし、両方を組み合わせても構いません。

　逆位置をとらない場合は、あらかじめカードの天地をそろえてから、カットしてもいいでしょう。

　このカードを交ぜ合わせる作業は、とても重要です。カードに触れ、シャッフルやカットをしていく一連の流れの中で、あなた自身の心の状態を、再確認することができるからです。

　心の中で問題となっていることを、鮮明にイメージしながらカードをシャッフルするうちに、その質問に対する自分自身の思いや覚悟、集中力が高まっていくことに、きっと気づけるでしょう。

● シャッフル

①使用するカードをすべて裏返し、テーブルに広げ、天地左右が十分に交ざるよう、両手でかき交ぜます。

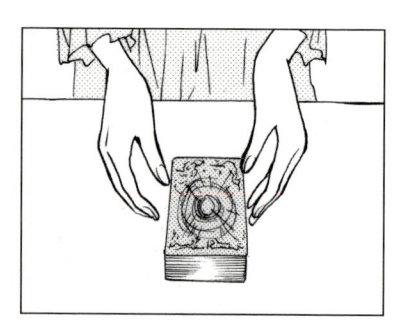

②十分にシャッフルし終えたと感じたら、カードを一つの山にまとめます。

● カット（その1）

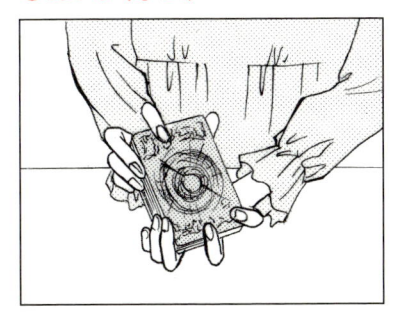

①トランプをする時のように、カードを手に持ちます。

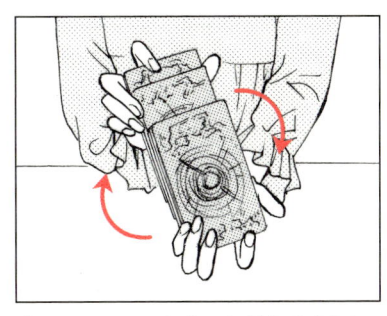

②上と下のカードを入れ替えるように、何度も繰り返し切ります。十分にカットし終えたと感じたら、そこで終了です。

● カット（その2）

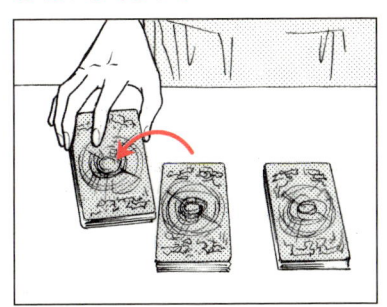

①山になったカードを、手で好きなところで分け、複数の山にします。

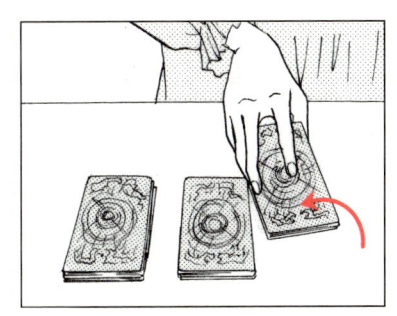

②それを好きな順で重ね合わせ、また一つの山に戻します。これを繰り返し、十分にカットし終えたと感じたら、そこで終了です。

ポイント 1　カードの交ぜ方にルールはありません

よく「質問内容についてイメージしながら、〇回かき交ぜる」「左回り／右回りに交ぜる」「無意識を司る左手で交ぜる」など、さまざまなルールが設けられていますが、これがうまくできない人も多いのではないでしょうか。

そもそも「イメージする」という右脳的働きと、「数を数える」という左脳

的働きを同時に行うのは、とても大変なこと。数に気をとられればイメージがおろそかになり、イメージに入り込めば、「回数なんて、こだわっていられない」ということがわかるでしょう。

　本来、このプロセスで大事なのは、回数よりもイメージ。そこで本書では、質問したことのイメージに集中してもらうため、そうした煩雑なルールをあえて取り除きました。シャッフルやカットは、一種のメディテーション、瞑想です。質問内容をイメージしながらカードを交ぜるうちに、次第に無心になり、集中状態が高まっていく……これこそが、「答え」となるカードを導き出す「シンクロニシティー」を生み出すために、もっとも大切なことなのです。

ポイント2　カードを交ぜながら「願望」を入れないように！

　質問者が質問の背後に、ある思いを強烈に抱いている場合、または本人も気づいていないような潜在意識がある場合などは、質問の内容とは無関係に、その人の心理や願望が、そのままカードに表れてしまう場合があります。

　たとえば、質問者が復活愛を強く願っている場合、「未来」の位置に、その願望を反映したカードが出ることもあります。でもこの場合、必ずしも「近い将来、復活愛がある」ことを示しているわけではありません。

　この見極めは、非常に難しいところではありますが、カードを交ぜ合わせる際には、「願望」を入れないようにしてください。なるべくニュートラルな気持ちで、どんな未来が出てもそれを受け入れる、という心境でシャッフルを。

ポイント3　大切なのは「カチッ」とはまる感覚

　カードを無心になってシャッフル（またはカット）しているうちに、「ここだ」という「止め時」が、次第にわかるようになってきます。

　質問の内容と自分がつながるような感覚、パズルのピースが「カチッ」とはまるような感覚が、ある瞬間に必ず訪れるはずです。カードを交ぜている最中、何となくそわそわしたり、他のことが気になるなど雑念が入ってしまう場合は、まだシャッフル（またはカット）が足りないことを示しています。

　初心者のうちは、カードになじんでおらず、なかなか難しいかもしれません

が、占いの回数を重ねていくうちに、このピタッとくる感覚がつかめるようになります。これは決して「霊感」などではなく、どんな人にも備わっている、人間の本能的な直感なのです。

ポイント4　飛び出してきたカードには、重要なメッセージが！

　シャッフルやカットをしている最中に、カードが1枚飛び出してきたり、裏返ったりする場合があります。これはそのカードが、あなたに何か伝えたいメッセージを発していることを示しています。

　そうしたカードはぜひ、意味を調べてみてください。それが、質問しようと思っていた内容の答えになっている場合もあれば、「大事なのは、その質問ではありませんよ！」と、隠れていた問題の核心を教えてくれたり、今のあなたのコンディションを伝えてくれたり……ということもあるようです。

　時には、何度切り直しても、同じカードが飛び出してくる……なんていうこともあります。そうなってくると、カードとあなたの親密度が高く、うまくコンタクトをとれている証拠、とも言えるでしょう。

⑦　カードをスプレッドに配置し、めくる

　カードを十分に交ぜ終え、一つの山にしたら、その一番上からカードを1枚ずつとり、スプレッドの番号に従って、順に並べていきましょう。

　置きながらカードをめくるか、すべてを配置し終えてからめくるかは、その人の自由です。使用するカードが4枚までならば、1枚ずつカードをめくりながら置いても、物語が見えやすくなっていいと思います。

　タロットは、カードから受ける第一印象がとても重要なため、出たすべてのカードの意味がごっちゃになってくると、解釈に変な先入観が入ってしまいます。たとえば「未来」の位置に悪いカードが出たからと、「現在」のカードも悪くとらえてしまうなど……。ですから最初のうちは、カードを1枚めくるごとに、その意味を確認していくのがおすすめです。

【逆位置をとる場合は、カードのめくり方に注意！】

　逆位置をとる場合は、カードをめくる際、天地がひっくりかえらないようにめくります。

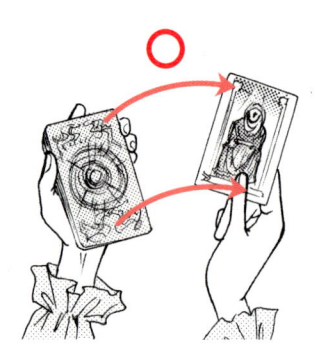

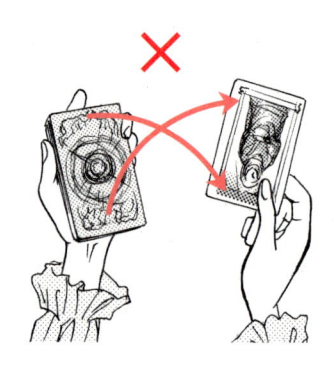

⑧ カードの意味を読んでいく

　いよいよ、カードの意味を読んでいきましょう。すぐに解説書を開きたくなると思いますが、少し待ってください。まずはカードに描かれている絵を眺め、自分なりに「このカードは何を意味しているのかな？」「何を私にメッセージとして伝えたいんだろう？」と、イメージしてみましょう。

　先に解説書を読んでしまうと、そのキーワードに引っ張られやすくなるので、まっさらでピュアな感性で、イメージすることが大切です。

　いいカードでも何となく不安をかきたてられたり、悪いカードでもどこかスッキリしたり、納得できたような気がするなら、解説書のキーワードよりも、その感覚を大事にしてください。

● そのカードを見た時、どんな第一印象を受けましたか？
● 何かハッとしたり、「やっぱり」という心当たりはありませんでしたか？
● そのカードから、どんなインスピレーションが広がりましたか？
● その絵柄の中で自由に遊び、想像を広げてみてください。

また、「望み通りの結果ではなかった……」などと落ち込まないようにしましょう。タロットで占う際、一番やってはいけないのは、「恋愛では、このカードが出れば"両思い"」というような発想をすることです。
　クジで「当たり」を引くように、いいカードを引こうとする。そして悪いカードが出たら、「あーあ」と思っておしまい……これはタロットの一番もったいない使い方です。おみくじのように、単純に「どのカードが出れば良い／悪い」ということではなく、出たカードすべてに意味があり、それについて自分は何を思い、考えるかということが、もっとも重要なのです。

ポイント1　前に出たカードに注目する

　以前にその質問内容について占った際に、「未来」の位置に出ていたカードが、次に占った時には、「過去」や「現在」の位置に出ていたならば、それはあなたがきちんと課題をクリアして、前進している証(あかし)。つまり、昨日の「未来」が、今日の「現在」や「過去」になっている、ということです。
　このように前に占ったことや、別の質問に対して出た答えなどが、その問題と関連性を持っている可能性は少なくありません。ですから、占い結果を写真などで記録して、後から検証できるようにしておくのもおすすめです。

ポイント2　何度も出るカードにメッセージが

　質問を変えても、何度も同じカードが出てくる……という場合、そのカードが質問内容を超えた、今のあなたへのメッセージになっていることもあります。
　改めて、そのカードの意味やストーリーを調べ、自分に照らし合わせて考えてみてください。恋、仕事、人間関係……すべての垣根を越え、問題の核心は一つだったりするかもしれません。

ポイント3　スプレッドを俯瞰して眺める

　カードの個々の意味を読んでも、意味がわかりづらかった場合は、スプレッド全体を俯瞰(ふかん)してみましょう。たとえば人物が多い、あるいは運命を表す暗示

的なカードが多い、暗い色あいのカードが多い、天使や悪魔といった架空の存在のカードが多いなど、何らかの傾向が見えてくるかもしれません。そこにも大切なヒントが秘められている可能性がありますから、より深く分析してみるといいでしょう。

　また小アルカナを使用して占った結果、特定のスートのカードが複数出ている場合、そのエレメントが象徴するテーマが、重要なカギを握っていることもあります。たとえば、ソードのカードが多い時は「冷静沈着である／判断が理性や理論に傾きすぎている」、カップが多い時は「愛あふれる時／情に流されやすい時」とも判断できるかもしれません。質問の内容に照らし合わせながら、考えてみるといいでしょう。

全体に逆位置が多すぎるのは集中度が足りないサイン

　ワンオラクル以外の、複数枚のスプレッドを使用した場合に、「出たカードの半分以上が逆位置だった」ということがあります。逆位置をとると決めていた場合でも、この場合はいちど、診断をストップしましょう。
　実はこれは、カードとあなたの心が調和していないサイン。
　遊び半分でカードを引いていたり、質問者が問題ときちんと向き合っていなかったり、そもそもそれは占うべき事柄ではないということを、こうした形で教えてくれているのです。
　このような場合は、質問を変えるか、日を改めて占い直しましょう。

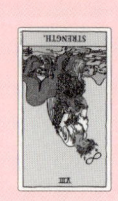

占いを終えたら……

⑨ カードはていねいにしまう

　カードをしまう前に、枚数がそろっているかどうか確認を。シャッフル中にカードが1枚、飛んでいってしまっていることも、よくあります。カードが欠けた状態では正確な占いはできませんから、きちんと枚数を確認しましょう。確認を終えたら、次に占う時のために、絵柄の天地をそろえてから、専用のケース、もしくはお気に入りの布袋や箱などにしまいます。

　タロットは、あなたの未来を占う大事な道具です。占いたい時だけ丁重に扱って、占い終わったら、その辺に放り投げておく……これではカードとの信頼関係が崩れ、シンクロ率も落ちてきてしまいます。

　あなたの大切なものを置く場所に、カード専用のスペースを作ったり、「ちょっとカードがくたびれてきたな」と感じたなら、浄化の力を持つクリスタルの上にカードを置いてもいいでしょう。重要なのは、あなたがカードに意識を向け、気を配ってあげることです。

⑩ 出た結果を心に留める

　占いの結果に満足し、そこで「終わり」ではもったいない！　その結果をふまえて、「自分が次に、どんな行動を起こせばいいか？」という点についても、具体的に考えてみてください。

　たとえば「意中の彼に対し、もっと積極的にアピールしたほうがいい」と出たならば、「明日、笑顔であいさつしてみよう」とか、「観たいと言っていたあの映画に誘ってみようかな」など、実際に行動することが大切です。

　そのためにも、占った結果や印象に残ったカードを、携帯の待ち受け画面にしたり、部屋に飾ったりして、常に目に入るようにするのはおすすめです。

　たとえば「アドバイス」の位置に出たカード、「未来」の位置に出たカード、その日の運勢を占ったカード、自分の中で、今後の指針になりそうだと感じたカードなど。カードのメッセージを心に留めやすくする、という意味もありま

すが、「カードが言っていたのは、このことだったのか！」と後から気づけたり「このカードが出た時は、こういう出来事が起きやすいのか」と発見するなど、「現実に起きたこと」と「カードの意味」をリンクさせやすくなります。

そうした情報を自分なりに蓄積していけば、あなたの「タロット・データベース」は、どんどん深く豊かなものになっていくでしょう。

カードを「お守り」として使う

　さまざまなシンボルが描かれたタロットカードは、お守りとして使うこともできます。

　中でも一番のおすすめは、小アルカナの各エースのカードです。

　「火・地・風・水」という、万物を構成する四元素（エレメント）のパワーを、もっとも純粋かつ原初的な形で表現したカードなので、自分に不足しているパワーを高めることができます。

　情熱や行動力が欲しい時にはワンド（火）のカード、物質や富を手に入れたい時にはペンタクル（地）のカード、知性やコミュニケーション力を上げたい時にはソード（風）のカード、温かい心の交流をしたい時にはカップ（水）のカード……など、目的に応じて選びましょう。

　また、カードを見つめながら、そのエレメントと一体化するイメージをもって、瞑想をするのもおすすめです。

ワンドのエース〈情熱〉	ペンタクルのエース〈物質・富〉	ソードのエース〈知性〉	カップのエース〈愛情〉

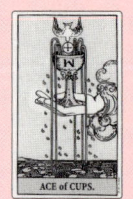

第5章

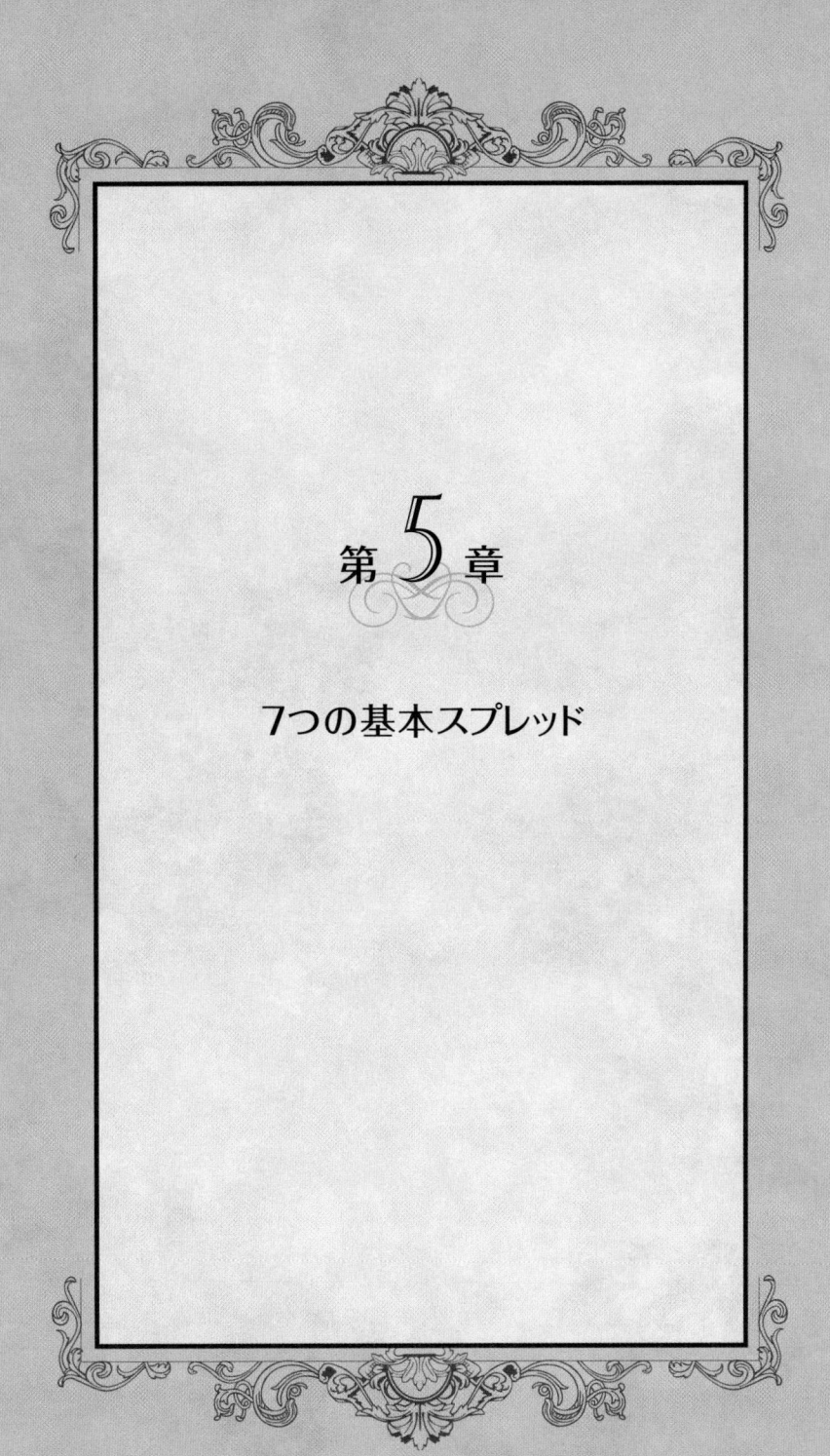

7つの基本スプレッド

一問一答でズバリ答えが！
ワンオラクル

　シャッフルしたカードの山の、一番上のカードをめくり、読み解く方法です。一番上ではなく、直感的に気になった1枚を選び出しても構いません。

　あらゆる事柄に対し、一問一答で答えを出すことができる、オールマイティーなスプレッドと言えるでしょう。どんな質問にも答えてくれますし、スパッと1枚で答えが出るため、複数枚を使ったスプレッドに慣れていない初心者の方は、まずこのワンオラクルから始めるのがおすすめです。

質問例

・今日の運勢は？
・今日一日を過ごすうえでの、アドバイスは？
・私は今、彼にどう思われている？
・彼に好意を持ってもらうには、私はどうしたらいい？
・結婚するためには、どんな行動をとればいい？
・今日のプレゼンは、どんな態度で臨めばいい？
・Aさんとの関係を良くするために、私がすべきことは？
・来週の面接試験、結果はどうなる？
・引っ越しをしたら、私の運気はどうなる？

このスプレッドはシンプルなだけに、「質問を明確にしてから、カードを引く」ことが求められます。たとえば、何となく「恋愛のこと」を思い浮かべて占って、「太陽」のカードが出たとします。それで「二人の未来はハッピー」と読み解くのは早計です。この恋に対してあなたが抱いている、「両思いになったらいいな～」という願望が、そのまま表れているだけの場合もあるからです。
　また「彼は仕事に対して、熱意を燃やしている真っ最中」など、相手の状況を表している場合もありますし、アドバイスとして出ていれば、「もっと心をオープンにして、積極的に行動すべき」というメッセージの場合もあるのです。
　その日のことを占うのでも、「今日の運勢は？」と聞くのと、「今日のアドバイスは？」と聞くのでは、カードの解釈がまるっきり違ってくるものです。

例　正義のカードの正位置が出た場合（右の図参照）
　「今日の運勢は？」 ………… 自分の正しい道を進めそう
　「今日のアドバイスは？」 … 自分が正しいと思う道を
　　　　　　　　　　　　　　　進むことが大切

　つまり、質問は「恋愛について……」と語尾をぼかすのではなく、その質問の主体は誰なのか、現状を知りたいのか、アドバイスを知りたいのかなど、最後までしっかりと「質問形」にすることが大切です。

ここがPOINT!　さらなるヒントが欲しい時は「アドバイスカード」を

　スプレッドを展開したものの、カードの意味が読みづらかった場合や、出た結果に対してどんな行動をとればいいのか、さらなるアドバイスが欲しい時には、残ったカードの山から、もう1枚カードを引いてみましょう。
　これが「アドバイスカード」となります。占いの結果について、質問者が心構えすべきこと、次に起こす行動の指針、質問者の心理状況でポイントとなることなどが、このカードに暗示されます。
　カード枚数が少ないワンオラクルや、ツーカード・スプレッド、スリーカード・スプレッドで占った際は、アドバイスカードが特にポイントとなってきます。
　ただし、アドバイスカードとして引くのは、多くても２枚まで。さらに疑問や聞きたいことが出てきた場合には、新たに質問を立ててから占いましょう。

複数の選択肢で迷ったら……

ツーカード・スプレッド

①Aを選んだ場合　　②Bを選んだ場合

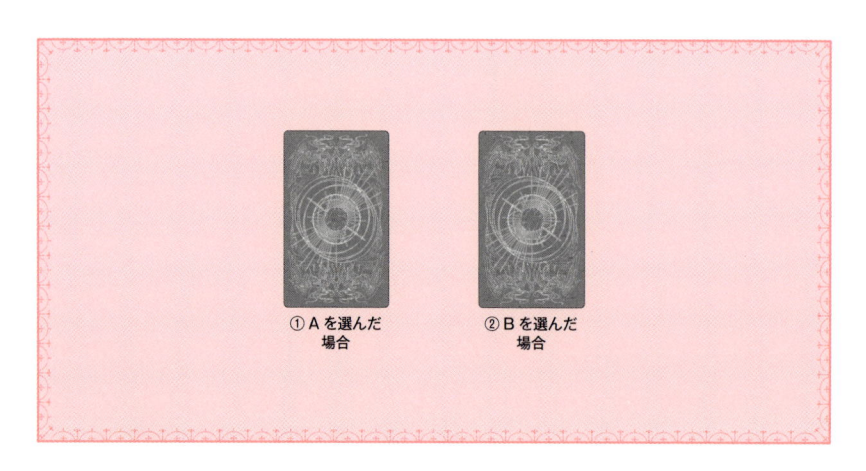

　2つの選択肢を設定して、それぞれの展開や状況を占います。「自分の気持ち」と「あの人の気持ち」など、異なる2つの要素を対比してみるのにも適しています。質問の立て方を工夫すれば、さまざまな内容に対応できるでしょう。

　出た結果がどれも良かったり、どれも悪かったりして、「どれを選ぶべきか、わからない」という時は、心にピンと来たものを選ぶのがいいでしょう。

　また、自分でも気づいていない「もう一つの選択肢」が存在する場合もありますから、しばらく時間をおいたり、状況が変化してから占い直すのも手です。

質問例

・このプロジェクトのA案とB案、それぞれを採った場合の結果は？
・Aの物件とBの物件、それぞれを選んだ場合はどうなる？
・私の気持ち、彼の気持ちは、それぞれどうなっている？
・彼に告白した場合、しなかった場合、それぞれどうなる？

　2つ以上の選択肢を設定して占うこともできますが、あまり数が多くなると判断が混乱するので、多くても4つ以下にとどめてください。

質問例

- 部下のAさんとBさんとCさん。もっとも信頼がおけるのは誰？
- 海外旅行の候補地が、AとBとCの3カ所。
  それぞれの場所は、私にどんな影響を与える？
- ○○さんへの誕生日プレゼント。本と洋服と映画のチケット、
  どれが一番喜んでもらえる？

> **ここがPOINT!** 選択肢がどの位置に対応するか、あらかじめイメージを
>
> カードをシャッフル（またはカット）する際に、Aの位置に出たカードと、Bの位置に出たカードが、それぞれどの選択肢に対応するのか、しっかりとイメージしておくことが大切です。その点が曖昧なままカードを展開すると、AとBの結果が逆になってしまうこともあります。

ツーカード・スプレッドの応用

異なる選択肢について、「それぞれを選んだ場合の未来」を知りたい場合は、以下のように、ツーカード・スプレッドに時間軸をプラスして占うのがおすすめです。

① Aの現状
② Bの現状
③ Aの未来
④ Bの未来

③Aの未来　①Aの現状　②Bの現状　④Bの未来

質問例
- 私と彼の今の気持ちは？　そして、それぞれどう変化していく？
- プランAとプランB、それぞれの現状と今後の展開は？
- AさんとBさん、それぞれと結婚した場合、どんな結婚生活を送ることになる？

「現状」がよくても、必ずしも「未来」にいいカードが出るとは限りませんが、そこでガッカリしないこと。これは現時点での想定される未来にすぎませんから、両者の状況が変化してから占えば、また違った結果が出てくることもあります。

物事の流れや変化を知りたい時に

スリーカード・スプレッド

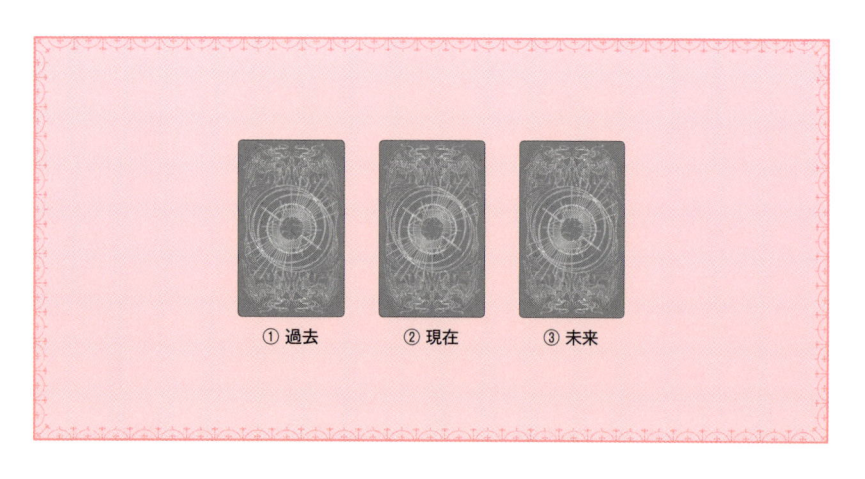

① 過去　② 現在　③ 未来

　「過去・現在・未来」という時間軸を3枚のカードで作り出し、物事の行く末や、感情の移り変わり、ある人との関係性の変化、質問者の運気など、「流れ」や「変化」を読むのに適したスプレッドです。

　より具体的なスパンでの「変化」を知りたい場合は、「過去・現在・未来」を「1週間後・2週間後・3週間後」「1カ月後・2カ月後・3カ月後」など、期間を設定して占うこともできます。ただし、占うのは最長3カ月までです。(P186を参照してください)

質問例

・彼との関係は、今後どう変化していく？
・わだかまりを抱えているAさんとの関係は、今後どうなる？
・このプロジェクトの行く末はどうなる？
・3週間後の試験に向けて、私のコンディションはどう変化する？
・これから3カ月間、私の金運はどうなる？

① 過去

　過去の運気や、その問題が過去にどんな状態にあったかを示しています。また、その問題を引き起こす原因となったことが、ここに暗示される場合もあります。

② 現在

　現在の運気や、その問題が今、どんな状況にあるかを示しています。この位置にポジティブな意味のカードが現れた場合、「質問者が思っているよりも、状況は悪くない」ということを示しています。

③ 未来

　未来の運気や、このまま進むと、その問題がどうなっていくのかを示しています。この位置にポジティブな意味のカードが出た場合、「状況は自然と良いほうへ進んでいくから、余計な心配はいらない」ことを示しています。
　逆にネガティブな意味のカードが出た場合は、「このまま進むと、状況はカードのような方向へ進んでいくので、注意が必要である」ことを示しています。

　未来に良いカードが出た場合は、それをしっかり手にするために、どうしたらいいのか？　悪いカードが出た場合は、そうならないためには、どうしたらいいのか？……アドバイスを求めるには、最後に「アドバイスカード」（P169参照）として、1枚引いてみるといいでしょう。それが今後の指針となります。

ここがPOINT!　あらゆる問題において「運気」は重要！

　運や物事の流れを読むことは、とても重要です。なぜなら同じカードであっても、調子がいい時に出ているのか、そうではない時に出ているのかにより、解釈が変わってくるからです。たとえば、恋愛の運気をスリーカード・スプレッドで占って、現在や未来の位置に「吊るされた男」が出たとします。それに続けて、恋の悩みについて占った時、アドバイスとして「戦車」が出たとしたら……。
　この場合、単純に「戦車」の意味から「行動を起こすべき」とは解釈できないかもしれません。運気を示す「吊るされた男」からは、「身動きのとれない状況」が暗示されるからです。つまり重要なのは、運気を踏まえたうえで解決策を導きだすこと。前後の鑑定結果と、関連させて読むのがポイントです。

二人の相性がわかる

ヘキサグラム・スプレッド

```
          ①Aさんの
           現状

⑤Bさんの            ⑥Bさんの
 潜在意識             未来

           ⑦
         アドバイス

②Aさんの             ③Aさんの
 潜在意識              未来

          ④Bさんの
           現状
```

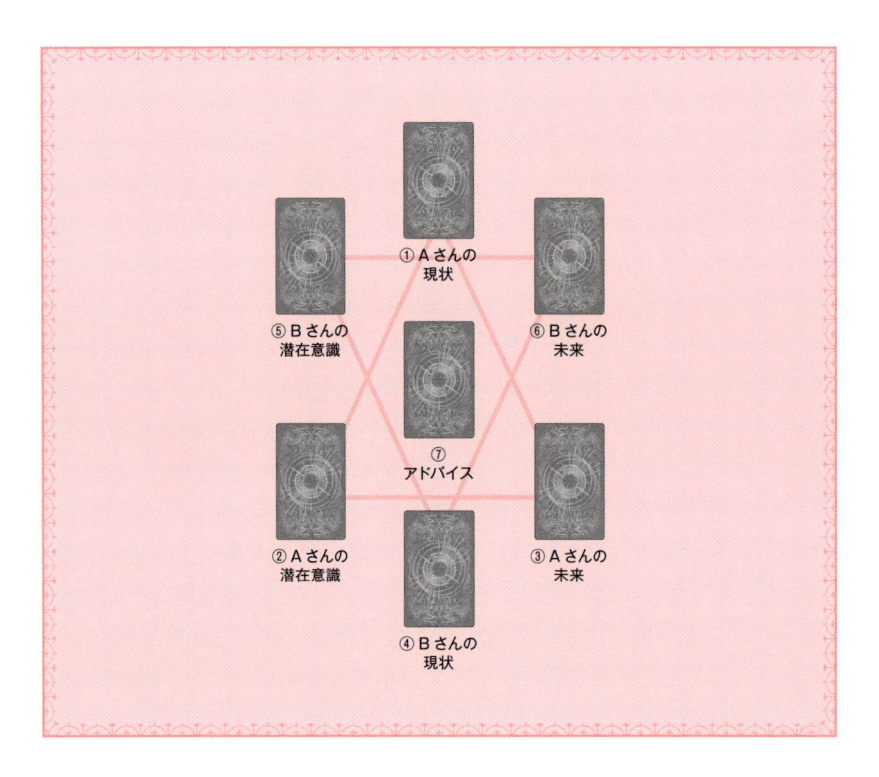

　ヘキサグラムとは六芒星(ろくぼうせい)のことで、古くは「ダビデの星」と呼ばれていました。魔除けと幸運の印として、呪術(じゅじゅつ)などに用いられてきた図形です。

　上向きと下向き、2つの三角形が合わさっていることから、それぞれの三角形を一人の人間と見なし、双方の「相性」を見ることができるスプレッドです。

　二人の気持ちの状態は、ツーカード・スプレッドでも見ることができますが、ヘキサグラム・スプレッドは、お互いの現状、潜在意識、未来のカードを照らし合わせ、対比しながら見ることができる配置のため、お互いの気持ちがどれくらい一致しているか、もしくはどこに気持ちの相違が出ているのかを、よりダイレクトに見ることができます。

| 質問例 |

・片思いのあの人と、私の相性は？
・なぜかギクシャクしてしまう母親と私は、どんな関係？
・そりが合わない上司と私、お互いにどう思っている？

① Aさんの現状　④ Bさんの現状

「現状」の位置に出たカードは、その人が置かれている状況、精神的なコンディションを暗示。またお互いに対する印象、かかわる際の姿勢なども表れます。

② Aさんの潜在意識　⑤ Bさんの潜在意識

「潜在意識」の位置に出たカードは、それぞれがお互いに対し、どんな感情を抱いているかを表します。「こうなってほしい」という願望や、「もっとこうしてくれたら……」という不満などもここに表れます。

③ Aさんの未来　⑥ Bさんの未来

「未来」の位置に出たカードは、それぞれが相手との関係性について、今後どうなっていきたいと思っているかが表れます。

⑦ アドバイス

二人の関係をより良くするために心がけるべきこと、もしくは、二人の関係が今後どうなっていくか、が暗示されます。

ここがPOINT!　スプレッド全体の「調和」を見てみよう

ヘキサグラムという形には、そもそも「調和」という意味があります。ですから、カード1枚1枚の意味のみならず、「スプレッド全体を見て、どのように感じるか」という印象も大事にしましょう。

たとえポジティブなカードが少なくても、全体的に色調が似ている、同じスートのカードが出ているなど、一体感や調和が感じられるなら、二人の相性はそれほど悪くなく、安定しているというふうにも読むことができます。逆に、ちぐはぐな場合は、何か相いれない要素があるということを暗示しています。

問題を深く掘り下げる

ケルティッククロス・スプレッド

（図：ケルティッククロス・スプレッドのカード配置）

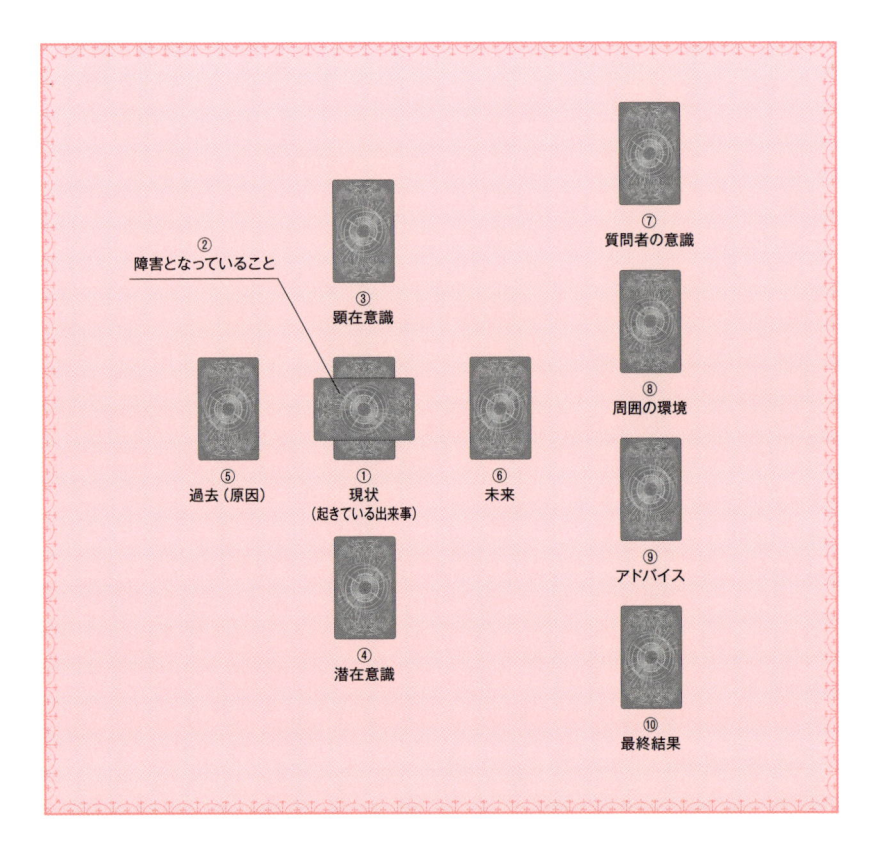

- ① 現状（起きている出来事）
- ② 障害となっていること
- ③ 顕在意識
- ④ 潜在意識
- ⑤ 過去（原因）
- ⑥ 未来
- ⑦ 質問者の意識
- ⑧ 周囲の環境
- ⑨ アドバイス
- ⑩ 最終結果

　数あるタロットのスプレッドの中で、もっともポピュラーで人気が高いのが、このスプレッド。ケルティッククロスとは、キリスト教の十字架の形に、円を融合した図形のことで、古くからケルト文化で愛されてきた伝統的なシンボルです。

　中央に2枚のカードを十字に置いて、それを取り巻くように、四方に4枚のカードが配されています。中央の十字は、「その人自身」と「問題となっている状況」を示し、それを貫く天と地のカードは、その人の心の中、つまり「潜在意識」と「顕在意識」を表しています。左右に並ぶカードは、「過去」と「未来」という時間軸を表します。

右側に並べられた4枚のカードは、その問題にどのように対処すれば、決着がつくかを示しています。一般的には、この4枚のカードを下から上へと並べることが多いのですが、本書では、その物事が現実に形となって現れるというイメージを重視し、あえて上から下に並べて、「最終結果」を一番下に配置しています。

　このスプレッドが多くの人に愛されている理由は、一つの問題を深く掘り下げることができる点にあるでしょう。その人の内面的な葛藤や、本人も気づいていないような深層心理に光を当て、「何が問題となっているのか」を明らかに提示してくれます。それゆえ自己発見や、トラウマの解消など自分ではなかなか対処しづらい問題に対しても、解決の糸口を見つけることができます。

質問例

・この恋を成就に導くには、どうしたらいいですか？
・私が別れた彼とよりを戻すには、どうしたらいいですか？
・ダメ男とばかりつき合ってしまうのは、なぜですか？
・私の結婚を妨げている要因は何ですか？
・私に本当に向いている職業は何ですか？
・スランプ状態を抜け出すには、どうしたらいいですか？

① 現状（起きている出来事）

　質問者が置かれている、現在の状況を表します。多くの場合、質問者のコンディションや、生まれ持った性格的な傾向がここに現れます。この位置に出たカードに、ややネガティブな印象を抱いた場合は、その問題に対して行き詰まっていたり、深い悩みにハマっていることを表します。

② 障害となっていること

　質問者が願っていることが実現するのを、妨げているものを示しています。この位置に出たカードに、ポジティブな印象を抱いた場合は、「障害となっているものは、実は存在しない」「客観的に見ると、それほど大きな問題ではない」ということを表します。逆に、ネガティブな印象のカードが出た場合は、それがそのまま「障害」を表しています。障害となっていることが、本人の心の問題なのか、あるいは他者の関与する状況的な問題なのか、見極めることが大切です。

③ 顕在意識

　質問者が、この問題に対して抱いている意識を表します。本人も自覚していること、思い当たる内容である可能性が高いでしょう。この位置に出たカードに、ポジティブな印象を抱いた場合は、その問題について「自分はこうなりたい」と思い描いている、理想のヴィジョンを表しています。逆に、ネガティブなカードが出た場合は、「願いは叶うはずがない」と諦めや落胆を抱いていることを表します。

④ 潜在意識

　その人自身も気づいていない、無意識下の思いや感情を表します。潜在的に抱いている欲求を、強く反映していることが多いので、スプレッド全体を読む際の、カギとなるカードと言えるでしょう。後に出てくる「⑨アドバイス」にもかかわってくることが多いので、慎重に読むようにしてください。

　この位置に出たカードに、ポジティブな印象を抱いた場合は、「本当はこうなりたい」と潜在的に思っている、心の奥底にあるヴィジョンを表しているケースが多いようです。逆に、ネガティブな印象のカードが出た場合は、その問題の解決の足を引っ張っている心理的要因や、過去に受けた心の傷や失敗体験を表すことが多いでしょう。「③顕在意識」と「④潜在意識」のカードは、対比しながらセットで読むといいでしょう。

⑤ 過去（原因）

　その問題を引き起こした、過去の要因を表しています。あるいは過去に、質問者がどういう状況にあったかを表しています。

⑥ 未来

　状況がこのまま進んだ場合の、未来を表しています。この位置に出たカードにポジティブな印象を抱いたならば、本人が問題をクリアし、良い方向へ進んでいくことを表します。ネガティブな印象を抱いたならば、問題の解決には、しばらく時間を要することを表します。あるいは、本人が「こうなるかもしれない」と思い描いている不安な未来のヴィジョンが、そのまま映し出されるケースも。

⑦ 質問者の意識

　質問者がこの問題に対して、どのように取り組もうとしているかを表します。

ポジティブな印象を与えるカードが出た場合は、問題に積極的に取り組もうとしている、または解決の糸口を見つけようとしていることを表しています。ネガティブな印象を与えるカードが出た場合は、問題に対し考えあぐねていたり、諦めの姿勢を見せているなど、きちんと正面から向き合っていないことを示します。

⑧ 周囲の環境

質問者を取り巻く状況を表しています。協力者はいるのか、いないのか。いる場合は、そのカードが暗示するような人物が、キーパーソンとなる場合もあります。絵柄を見ながら、思い当たる人物はいないか、イメージしてみるといいでしょう。またカードによっては、「これは本人の内面的な問題であり、周囲の状況は無関係である」ということを示す場合もあります。

⑨ アドバイス

その問題に対して、質問者がどのように向き合っていけばいいのかを示しています。メンタル面でのアドバイスの場合もあれば、行動の指針として出る場合もあります。ここに逆位置や、ネガティブなイメージのカードが出た場合は、そのカードが示す状態になりやすいから、気をつけるべきと解釈することも。

⑩ 最終結果

この問題が最終的にどうなっていくか、また質問者にとってどんな意味を持つのかを表しています。この位置に出たカードに、ポジティブな印象を抱いた場合は、問題が解決され、そのカードが示す状態へ向かっていくと考えていいでしょう。逆位置やネガティブな印象のカードが出た場合は、問題の解決は一筋縄ではいかないこと、まだ何かクリアすべき問題がある可能性を暗示しています。

ここがPOINT!　「未来」と「最終結果」のカードの違いは？

「⑥未来」のカードが、純粋に物事の推移や、もっとも可能性の高い未来のヴィジョンを暗示しているのに対し、「⑩最終結果」は、その出来事が、質問者（またはその人生）にとって、どんな意味を持つのか、あるいはどんな影響を与えるのか、ということを表しています。

運気の大きな流れを知る

ホロスコープ・スプレッド

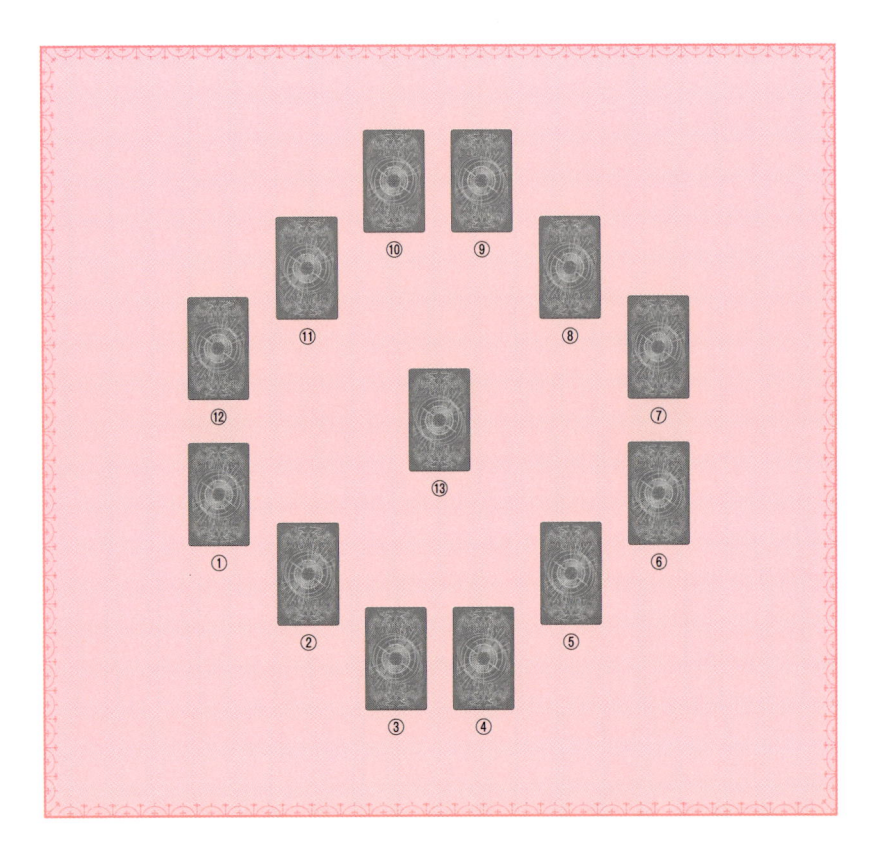

　西洋占星術においては、あなたが生まれた瞬間の星の配置を「ホロスコープ」という1枚の図にして表現します。その形状を模したこのスプレッドは、12枚のカードを円形に並べ、その中央には全体の「テーマカード」となる1枚が置かれます。
　今の運気の状態を知る「ハウス法」と、向こう1年間の運勢を知る「時期法」の、2つのパターンの読み方をすることができますので、質問内容にどちらがふさわしいか、あらかじめ選んでから展開しましょう。

ハウス法

① 1ハウス ………… 基本的な人格、
　　　　　　　　　　アイデンティティー
② 2ハウス ………… お金、価値観
③ 3ハウス ………… コミュニケーション、知識
④ 4ハウス ………… 家庭、私生活
⑤ 5ハウス ………… 愛、クリエイティビティー
⑥ 6ハウス ………… 労働、健康
⑦ 7ハウス ………… 結婚、パートナー
⑧ 8ハウス ………… セックス、自己変革
⑨ 9ハウス ………… 理想、哲学、外国
⑩ 10ハウス ……… 社会的地位
⑪ 11ハウス ……… グループ、同志
⑫ 12ハウス ……… 潜在意識、隠れた問題
⑬ テーマカード

　今のあなたの、あらゆる運気の状態を見ることができます。恋愛、仕事、お金、家庭、パートナー運など……。西洋占星術における「ハウス」とは、人間が人生で経験する物事の、12のジャンルを表しています。この分類にならって12枚のカードを配置することで、あなたを取り巻く状況を、さまざまな側面から見通すことができるのです。

① 1ハウス……基本的な人格、アイデンティティー
　1ハウスにあたるこの位置は、あなたの生きる目的、個としてのアイデンティティーを表します。ライフスタイルや、生命力の状態などが表れることも。

② 2ハウス……お金、価値観
　2ハウスにあたるこの位置は、広い意味で「所有」を表します。所有しているお金や物質の状況だけでなく、遺伝的に受け継いだ資質や才能を表すことも。

③ 3ハウス……コミュニケーション、知識
　3ハウスにあたるこの位置は、「対人関係」の状態を表します。このほかに、勉強など頭脳活動、物事の考え方、習い事なども表します。

④ 4ハウス……家庭、私生活
　4ハウスにあたるこの位置は、その人が守られ、安心できる土台を表します。家庭状況や家族だけでなく、血縁はなくとも心が通い合う、親しい人たちとの間柄も暗示しています。また不動産を表すことも。

⑤ **5ハウス……愛、クリエイティビティー**
　5ハウスにあたるこの位置は、「喜び」を表します。恋愛やレジャー、芸能・創作活動、また創造的活動の一つとして、子供を暗示することも。

⑥ **6ハウス……労働、健康**
　6ハウスにあたるこの位置は、「奉仕」を表します。会社組織における労働は、ここに表れます。また、それに伴うストレスや健康状態も暗示します。

⑦ **7ハウス……結婚、パートナー**
　7ハウスにあたるこの位置は、「パートナー」を表します。人生のパートナー、結婚相手を示すこともありますが、共同事業者や、相棒的な存在を表すことも。

⑧ **8ハウス……セックス、自己変革**
　8ハウスにあたるこの位置は、「深いかかわりを持つ他者」を表します。誰かと深くつながること、それを通じて自分を変容させていくことを表すため、セックスを象徴することも。また遺産など、祖先から受け継ぐものも表します。

⑨ **9ハウス……理想、哲学、外国**
　9ハウスにあたるこの位置は、「理想」を表します。自分がそれについて考えること、哲学的思考や抽象的な概念、海外なども表します。

⑩ **10ハウス……社会的地位**
　10ハウスにあたるこの位置は、「社会的地位」を表します。昇進や名誉を得ること、キャリアアップ、自己実現なども象徴します。

⑪ **11ハウス……グループ、同志**
　11ハウスにあたるこの位置は、「仲間」を表します。仲間とのコミュニティー、あるいは人と違う個性を伸ばすことや、革新的なアイデアなども象徴します。

⑫ **12ハウス……潜在意識、隠れた問題**
　12ハウスにあたるこの位置は、「無意識」を表します。潜在意識にあるものや、自分自身の本当の気持ち、隠れている問題やトラウマを暗示することも。

⑬ **テーマカード**
　今の状況を象徴するカードです。その時のテーマやアドバイスを示しています。

> **ここがPOINT!　下半分は「個人的」、上半分は「社会的」事柄を表す**
>
> 　円形に配したカードの下半分（1ハウスから6ハウス）は個人的な事柄、上半分（7ハウスから12ハウス）は社会的な事柄を表します。そのため大アルカナなど、重要なインパクトを持つカードが①〜⑥の位置に多く出ていた場合は、恋愛や勉強などプライベートなこと、⑦〜⑫の位置に多く出ていた場合は、仕事などオフィシャルなことに焦点が当たっていることを示します。

時期法

① 1カ月後	⑤ 5カ月後	⑨ 9カ月後	⑬ 1年の
② 2カ月後	⑥ 6カ月後	⑩ 10カ月後	テーマカード
③ 3カ月後	⑦ 7カ月後	⑪ 11カ月後	
④ 4カ月後	⑧ 8カ月後	⑫ 12カ月後	

　1年間の運勢の流れを、1カ月ごとにカードで表したものです。それぞれ1月、2月、3月……と月を対応させても構いません。このスプレッド全体を、1年間を示す時計のように考えてみるといいでしょう。

　基本的に、タロットで知ることができる未来は、最長3カ月先までと言われていますが、このスプレッドに限っては、長期スパンで占うことができるため、1年間の指針や行動計画を立てるのに適しています。誕生日や新年、立春などの節目に占うのがおすすめです。「全体運」として読むこともできますし、「1年間の恋愛運」や「1年間の仕事の流れ」など、テーマを絞って占うこともできます。

> **ここがPOINT!　大アルカナが出た月は要チェック！**
>
> 　フルデッキ78枚で占った場合、特に大アルカナのカードが出た月に注目しましょう。それが1年間の中でも、特に重要なターニングポイントとなります。

皆でお互いを占い合う
パーティー・スプレッド

　友人同士で集まった際などに、気軽にお互いのことを占い合えるスプレッド。皆でわいわい楽しめるので、「パーティー・スプレッド」と名づけてみました。
　スプレッドといっても、特に配置に決まりはありません。78枚のカードをシャッフルした状態でテーブルの上に広げ、質問をしては自由にカードを引いて、その結果について思ったことを言い合うのです。
　「占いというよりも、お遊びのようなもの？」と思う人がいるかもしれませんが、実はそうではありません。場合によっては、他のどんなスプレッドより高い的中率を誇る、なかなかあなどれないスプレッドなのです。

　実際にやってみるとわかりますが、最初は皆、軽い気持ちで始めるかもしれませんが、次第に、時間がたつのを忘れるほど、真剣になってくるはずです。
　すると、まったく別の人が同じカードを引き当てたり、質問内容に対してズバリ！　カードが出たり……不思議なシンクロが起きるようになっていくでしょう。
　これは実は、複数の人がそれぞれに「思い」を持ってタロットに参加することで、そこに強力な思念の「場」が生まれるからなのです。それがシンクロニシティーを呼びやすくなるだけでなく、参加者の勘を研ぎ澄ましてくれるため、次々と「奇跡」のような出来事が起きるようになるのです。

それは部屋で一人で占っている時には感じられない、強いパワー。タロットというと、部屋でこっそり一人で占うイメージが強いかもしれませんが、実際はこうした楽しみ方もできるのです。友人同士の集まりや、職場の休み時間など、ぜひ皆さんでトライしてみてください！

パターン1　参加者それぞれが、知りたいことを自由に占ってみる

質問例

・今の私の恋愛運は？
・意中のあの人に告白するべき？
・次の採用試験に受かる？
・次に出かける旅行先はどこがいい？
・今年の誕生日の過ごし方は？

パターン2　同じテーマについて、それぞれが占う

質問例

・私から見たAさんはこんな人！
参加者の一人について、各々がカードを引き、そのカードからその人に抱いている印象について話してみましょう。

・Bさんが会社を辞めたがっているけれど、それについてどう思う？
参加者の一人が抱えている悩みについて、各々がカードを引き、そこからそれぞれアドバイスを考えてあげましょう。

初心者のつまずき一挙解決！
タロット実占 Q&A

Q タロットで占うことができる過去・未来の範囲は？

　タロットで占った結果の有効期間は、3カ月間が目安です。もしその間に状況や心境が変化したならば、同じ質問でもう一度占っても構いません。
「10年後を知りたい」という質問をする人もいますが、人生は変化していくもの。細胞が日々、生まれ変わっていくように、人の考え方も、それを取り巻く状況も、同じように見えて刻々と変化していきます。今から10年後まで、少しも変化することなく人生を歩む人は、ほとんどいないでしょう。タロットはその瞬間、その人が置かれている状況や、心のパワーバランス、可能性を占うものであり、長期スパンの事柄を占うのには、あまり向いていないと言えます。

　ただ「この仕事を選ぶことで、この先の人生はどうなる？」など、大まかな「流れ」や「方向性」を見ることはできますから、質問の仕方を工夫してみましょう。
　また過去のことについては、どれだけ前であっても占うことは可能です。「10年前のあの出来事は、どういう意味を持っていたのか」「あの時の、あの人の言葉の真意は？」などなど。なぜなら、あらゆる過去の出来事は「今の自分」につながっていて、それを知ることは、今の自分を変えることにつながるからです。

Q 悪い結果が出てしまいました……

　占った結果が思い通りではなかった、明るい未来を予感させるものではなかった、ということもあるでしょう。ですが、いい結果が出るまで繰り返し占う……ということは、しないほうがいいでしょう。たとえ望む結果ではなかったとしても、それはその時の現実。あなたの状況が今どのような段階にあるのか、目をそむけずに直視することで、その出来事から、学びや気づきを得ることができるはずです。
　いい結果が出るまで何度も占うより、その結果をきちんと受け止め、考え方や行動を変えたほうが、より未来を変える力となるのは言うまでもありません。

Q 出たカードが的外れで、当たっていない気がします……

「的外れ」「当たっていない」と感じるということは、あなた自身の中で、「こんなカードが出たらいいな」「こんなカードが出るんじゃないかな」という期待や予測があったのではありませんか? そうした過度な期待は、出るカードに影響するだけでなく、誤った解釈をしてしまう原因にもなります。

たとえば、あなたが親友に悩み相談をして、相手のアドバイスに対し、「何もわかってないのに、勝手なことばかり言って!」なんて怒ったりはしないはずです。とりあえず一度は耳を傾け、「確かに、その考え方にも一理あるな」「もしかしたら、そういう見方もあるのかも」と納得したことが、きっとあるでしょう。

それと同様に、タロットは「自分のことをよく知っていて、時には耳が痛いこともきちんと指摘してくれる、頼れる親友」のようにイメージしてみてください。

時には、カードがくれたメッセージがわからない、的外れでピンとこない……と感じることもあるでしょう。その場合も、まずは出たカードを信頼し、カードがあなたに伝えたがっているメッセージは何か、くみ取る努力をしてみてください。「まったく意味がわからない」という時は、気持ちをフラットな状態にしてから占い直すか、解釈のためのアドバイスカードを1枚引いてみるといいでしょう。

Q 解釈がマンネリ化している気がします

タロットを実践していくうちに、カードを見ても、いつも同じような言葉やイメージしか湧いてこない、似たような解釈ばかりになってつまらない……と感じてしまう人もいるかもしれません。それはカードが悪いのではなく、実はあなた自身の考え方がマンネリ化してしまっていることが、一つの原因かもしれません。

タロットの解釈は、本人の成長にともなって、変わってくるもの。もしも最近、「読みが定型化してしまっている」と感じたならば、日常生活で経験値を上げることが大切です。本を読んだり、映画や音楽などを鑑賞したり……。そこで得たことは、考え方の幅を広げ、おのずとタロットの解釈にも反映されていくでしょう。

またパーティー・スプレッド(P184)で、他人のインスピレーションや発想に触れることもいい刺激になります。お互いに占い合ってみるのもいいでしょう。

Q シャッフルやカットの回数など、いわゆる「ルール」を省くことに抵抗があります

　実はタロットには、「こうしないといけない」という厳密なルールが存在しているわけではありません。タロットが「占い」として用いられるようになったのは、18世紀の後半であり、タロティスト（タロット占いの実践者）によって、占い方法や解釈にもバラつきがあります。

　しかし、それによって結果や未来が変わってしまうというものではありません。タロット占いで重要なのは、自由な連想とイマジネーションであり、カードそのものではないからです。

　私が個人的な経験で感じたのは、「○回かき交ぜて、上から○番目のカードを抜き取って……」など、ルールを決めて行うやり方だと、基準ばかりを気にして、肝心の占いに集中する工程がおろそかになるということです。「こんな状態で、本当にいいのかしら……？」と、本気で思っていました。

　タロットに慣れ親しんでからは、シャッフルやカットの回数などよりも、結果として現れたカードから、どんなインスピレーションを得るか……洞察して、カードが告げているメッセージを読み解き、その後に役立てていくことのほうが、ずっと重要だと感じています。

Q 悩んでいるから占っているのに、「現状」の位置にいいカードが出ました。どのように解釈すればいいですか？

　この世の出来事は、現実に起こる前に「兆し」としてまず現れるもの……。たとえば、春一番など「春の兆し」が訪れてから、実際に春が来るまでにはしばらく間があるように、兆しから現象に至るまでには、タイムラグがあるのです。

　また、運勢的な観点からすると、最悪だと感じている時には、すでに運勢は上り坂に入っています。悩み苦しんでいる時は、その問題や悩みにフォーカスしてしまうため、本人が気づいていないだけで、自己成長をとげていたり、見えないところで実際は前進しています。

　「現状」の位置にいいカードが出たとしたら、それは「良い兆し」がすでにあるということ。具体的な現象や実感がないからといって、「？」と感じないでください。

　そしてどんなカードが出ようとも、「今の状況について、カードがメッセージを送

ってくれているとしたら、どんな可能性があるだろう？」と考えてみてください。「悩んでいる」と思っていても、実は悲観的に考えすぎているだけで、思っているほど状況は悪くない場合もあります。あなた自身が気づいていないところで、問題はすでに改善に向かっている、という可能性もあります。「うまくいかない」と悩んでいたとしても、その悩みがあなたにとって必要なことであり、それを経験することが正しい道であれば、それを暗示するようなカードが出るでしょう。

Q 他人を占う際に気をつけるポイントは？

　タロット上達のために、人を占うことは、とてもいいトレーニングになります。他人の心や状況を、カードを通じて読み解くことは、自分自身のことを占う以上に、集中力や直感力を研ぎ澄ます必要があります。また他人の人生に触れることは、自身の経験値を高め、イメージのバリエーションを広げる助けになるでしょう。
　他人を占う際に重要なポイントは、自分を「無の状態」にすること。
　たとえば、自分の考えや社会通念を優先した診断をしたり、「きっとこうに違いない」と先入観を持ったり、相手の幸せを願うあまり「こうなったらいいのに」と勝手なイメージを抱いたアドバイスをしたりしないようにしましょう。
　他人を占う場合、占い手であるあなたは、タロットからメッセージを引き出し、相手に翻訳して伝える「媒介」にすぎません。相手のために、もっとも的確な診断が降りるように……ということだけを思い、心を空にして鑑定を行いましょう。

Q こんな時はぜひ占うべき、という日はありますか？

　タロットはデイリーに、どんな時にでも占えるものですが、「ぜひ占いたいタイミング」というものも存在します。たとえば自分の誕生日。あなたがこの世に生を受けた日、新しい1年を歩み始めるタイミングであるこの日は、あなた自身にとっても「特別な日」のはず。そうした時は、いつも以上の集中力が得られます。
　また誕生日は、西洋占星術における「ソーラー・リターン」※（出生時に太陽があった位置に、太陽が回帰すること）の時期に当たります。この瞬間の星の配置には、その年1年間の運命が暗示されていると考えるため、それにならって、この日にタロットで1年の指針（テーマ）を占ってみるのもいいでしょう。

西洋占星術における1年の始まりである「春分」や、東洋思想における新年である「立春」に占ったり、月が満ち欠けする約28日間サイクルの始まりである新月の日に、その1カ月の運気を占ってみるのもおすすめです。

※ソーラー・リターンは年によって、誕生日の前後1日ずれることがあります

Q もっとタロットが上達するには？

　タロットの解釈には「コツ」があります。そのコツさえつかめば、どんな人でも自由に、そして連鎖的にイメージできるようになるでしょう。そのためには練習あるのみ！　量をこなすほどに、インスピレーションが湧きやすくなります。

　そのための一番確実な方法が、毎日占ってみることです。その日の運勢やアドバイスを占い、実際にどんな出来事が起きたか、日記のようにノートにつけてみましょう。前に同じカードが出た日はどうだったか……などを検証していくことで、そのカードが示す核心をつかみやすくなり、大きく外すことがなくなっていきます。

　また基本的な占い方をマスターしたら、他人を占ってみるのもおすすめです。自分のことを占うより難しいと思いますが、いろいろな人の人生に触れることで、イメージ力が高まり、語彙が増え、より柔軟な解釈ができるようになっていきます。

Q カードを1枚なくしてしまいました……

　この場合は、新たに買い直しましょう。タロットは78枚で一つの「世界」を構築しているため、どれか1枚でも欠けると、世界の均衡・調和が崩れてしまいます。その状態で占っても、正確な答えを出すことはできません。そのデッキは役目を終えたと考え、新しいものを用意することです。もしかしたら、あなたの成長にともない、もっとふさわしいカードとの出合いが用意されているかもしれません。

Q カードの買い替え時はありますか？

　カードは使い込めば使い込むほど、あなたの手になじみ、目に見えないつながりが生まれてくるもの。ですから「必ず◯年で買い替えなければいけない」というル

ールはありません。あなたがそのカードを「使いたい」と思うなら、いつまでも使い続けて構いません。

ただし、カードが折れ曲がったり、ゆがんできてしまったなら、カードをランダムに引く偶然性に支障が出るので、買い直したほうがいいかもしれません。

またインスピレーションが湧きづらくなった、解釈がマンネリ化してきた……という時は、思いきって別のカードを使ってみるのもいいでしょう。

それにより新しい解釈が生まれてくることもあれば、「やっぱり前のカードが自分に合っていた」と気づくこともあるでしょう。そうなれば、以前のカードをより愛おしく、大事に感じるようになるはずです。

タロットカードは他人に触らせないほうがいいですか？

買ってきたカードの箱を開け、取り出して指で触れた瞬間から、あなたとカードのエネルギー交換が始まります。エネルギーといっても、必ずしもスピリチュアルな意味だけではありません。

たとえば、コンビニで買ったものは簡単に捨てられても、小さい頃から大事にしてきたものは、もう使わないとわかっていても、なかなか捨てられない、捨てる時は心が痛む……と感じたことがあるのではないでしょうか。長年、あなたが心を通わせたもの、ずっとそばにあり続けたものには、何かしらの思いがこもり、目に見えない「つながり」が生まれるものです。

タロットも同様です。あなたの中で、「このカードは、自分の未来を占う大切な存在なのだ」という意識が芽生えるまで、つまりあなたとの「つながり」がしっかり育まれるまでは、あまり他人に触れられないようにするのがいいかもしれません。

ただ、他人を占う際や、パーティー・スプレッド（P184）のような場合には、人に触られても問題はありません。

Ako's Reading

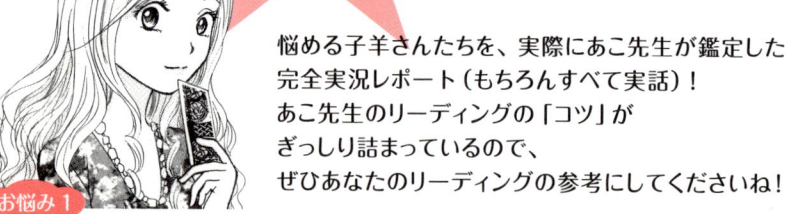

森村あこ実占!
タロット実況中継

悩める子羊さんたちを、実際にあこ先生が鑑定した完全実況レポート（もちろんすべて実話）！
あこ先生のリーディングの「コツ」がぎっしり詰まっているので、ぜひあなたのリーディングの参考にしてくださいね！

お悩み1
結婚するにはどうしたらいいですか？
相談者：Yさん（37歳・女性）

Y：そろそろ結婚したほうがいい年齢だと思うんですけど、結婚するにはどうしたらいいでしょうか？……ちょっと質問がぼんやりしていますか？

A：そうですね、もう少し絞り込んでみましょうか。

Y：出会いを求めてはいるのですが、お見合いとか婚活っぽい行動をしたほうがいいのか、自然と恋愛に至るのを待ったほうがいいのか……迷っていて。正直、「結婚に結びつかない恋は、もういい！」という感じなんです。（笑）

A：わかりました。結婚という人生の重大事にまつわることなので、78枚のフルデッキで占ってみましょう。ではまず、ご自身が今、**どれぐらい出会いを求めているのか**を教えていただきたいので、出会いをイメージしながら1枚引いていただけますか？

事前チェック：ペンタクルのペイジ（正位置）

A：スパッときましたね。ペイジは可能性の固まりなんです。この金色のコインを「結婚」ととらえると「さあどうしようかな」と、まだ結婚というテーマをもてあそんでいるようにも見えますよね。「そろそろ腰を上げた

※1
実際に質問内容を占う前に、その質問にかける姿勢や、モチベーション、本人も気づいていない深層心理を知るために、1枚引きを行っています。これは質問のテーマを絞り込むだけでなく、他人を占う際にもおすすめ。（151ページ参照）

ほうがいいのかな」という感じでしょうか。でもペンタクルは社会的な結実を表すので、まだ踏み出してはいないものの、結婚へのスタートラインに立ったよう。もし好きな人がいらっしゃるなら、ここでカップのカードが出ることもあるのですが[※2]、まだ特定のお相手はいないようですね。では、ツーカード・スプレッド[※3]で見てみましょう。婚活をする場合、婚活をしない場合、それぞれをイメージして、カードを1枚ずつ引いてみてください。

A 婚活をする場合……戦車（逆位置）
B 婚活をしない場合……恋人たち（正）

Y：おお！（歓喜）

A：これは……明らかに待っていたほうがいいですね（笑）。「戦車」の逆位置は「どこに向かえばいいの？」と、向かう先もわからない状態を示しています。でも待っていれば、おのずとふさわしい人が来る配置です。なんたって「恋人たち」[※4]ですから。これから、本当の意味で心を通わせ合えるパートナーをしっかりと選び取ることになると思いますよ。では、本当にその出会いを手にするためには、どうしたらいいのか、アドバイスカードを引いてみましょうか。

アドバイスカード：法王（逆）

A：これまで、Yさんが抱いてきた恋愛観を、とりあえず一度、チャラにする必要があるかもしれませんね。「法王」は正位置なら「正しい教え」となるんですが、逆位置で出ているということは、これまでの価値観、ご自身で作ってきたルールの視点を変える必要がある、言ってみれば「逆さまの視点から見たほうがいい」ということを示しています。こんな相手じゃなきゃイヤだ、とか、出会いはこうあるべき、といった思い込みや縛りをまず振り落とすことが重要です。

※2
同じ「結婚」でも、情愛的なつながりが重視される場合は「カップ」、社会的に認知された婚姻関係がクローズアップされる場合は「ペンタクル」が象徴することが多いようです。

※3
170ページを参照

※4
「恋人たち」のカードは、すでにターゲットがいる時や、出会いがかなり近いところまで来ている時に出ることが多いでしょう。「まったく恋愛願望がない」という人には、もっと別のカードが出るはず。もし、そう言っている人にこのカードが出た場合は、「本当は、恋がしたいのでは……？」と読むこともあります。

＊これは『アルケミア・タロット』を使った実際の鑑定の内容から、一部を抜粋し再構成したものです

Ⓨ：恋愛にまつわる先入観みたいなものですね。うわあ、山のようにあるな〜。(笑)

Ⓐ：それをとりあえずなくすこと。行動としては、待ちの姿勢でもいいけれど、**考え方の部分**で変えなければいけないことがある、ということです。

Ⓨ：確かに、すでに相手がいるなら、条件はまったくうるさくないんですけど「どんな人紹介してほしいの？」って言われると、すごく理想の高いことしか言えないんですよね。

Ⓐ：それは法王の逆位置が暗示していますよね。それと、この恋人たちのカードが示すように、自分には出会うべきパートナーが存在している、と信じることです。「やっぱり婚活したほうがいいのかな」とか「このまま時が過ぎたらどうしよう……」という不安もいりません。「いずれ絶対、出会えるんだから」と信じることが大切なんです。

Ⓨ：実は前から、「婚活には向かないな、自分」と思ってたんですよね……。

Ⓐ：その状態で婚活を始めても、たぶん、まっすぐ行くべきところに行けない。戦車の逆位置ですから、本来、進むべき道からちょっと曲がってしまうようなイメージです。また周りからあれこれ言われると、それもまた道を誤る原因になってしまいます。マイペースでいいんですよ。

では、現在の恋愛の運気を**スリーカード**[※5]で見てみましょう。

※5
172ページを参照

過去……隠者（正）
現在……女帝（正）
未来……太陽（正）
アドバイス……力（正）

過去　現在　未来

アドバイス

Ⓨ：「隠者」……すごく孤独なカードですね。(涙)

Ⓐ：必ずしも、シングルという意味ではないんですよ。過去、恋人はいらっしゃったかもしれませんが、もっと別のことに目が向いていた、という可能性もあります。仕事が忙しかったり、自

分自身の問題を抱えていたり……。恋人同士は、一緒にいるから心が通い合っている、とは限らないじゃないですか。

Ｙ：確かに……。

Ａ：でも現在の位置に「女帝」が出ていますから、愛を受け止めて、愛する準備ができている、ということ。そして未来が「太陽」です。太陽は西洋占星術で言えば「自分自身」を表す星※6でもあるんです。だから自分を押し殺して相手に合わせるのではなく、ありのままの状態で愛し合える関係性が訪れる、ということですね。

Ｙ：それはうれしいですね〜。

Ａ：先の鑑定の結果もそうですが※7、結婚のために「何かしなきゃ」と思わなくていいんですよ。もちろん、「こうしたほうがいいな」と感じたことは実践していただいて構いません。恋人ができた時のために「二人用のカップを買ってみようかな」と思うなら、ぜひそうしてください。でも気乗りがしないのに「婚活パーティーに行かなきゃ！」と考える必要はありません。心の求めるままに行動すればいいんです。

Ｙ：もし素直に「行ってみようかな」と思えるパーティーなら行ってもいいわけですね。

Ａ：そう。「行きたい」と思った時は「太陽（ありのままの自分）」の心で行けますよね？　ほかにも楽しそうだなと思う飲み会や集まりには、足を運んでみてください。そういう場所のほうが断然、出会う可能性はありますよ。そしてアドバイスが「力」。自分自身のコントロールが大事、ということですね。

Ｙ：「このまま独りかもしれない」という不安の制御だったり。

Ａ：そうですね。後は、好きな人ができてもいきなり突っ走ったりしないように、ということもあるかもしれません。（笑）

Ｙ：なるほど、わかりました！　なんだかすごく安心しました！

※6
「太陽」と「月」は西洋占星術でも使用される天体。太陽は自分自身や生命力、目的意識を、そして月は幼少期、インナーチャイルド、感情などを示します。もしあなたの中でカードのイメージとつながるなら、こうした要素を交えて読むのもいいでしょう。

※7
前後の鑑定で同じカードが出た場合は、何らかの状況がリンクしていたり、問題の根っこが同じであることを示している場合もあります。

> お悩み2

同棲している彼との、今後の関係について悩んでいます。
相談者：Kさん（33歳・女性）

K：つき合って10年同棲（どうせい）している彼がいるのですが、一つ問題があって……。実は無職で働こうとしないんです。私の稼ぎで、二人分の生計を立てているのですが、果たしてこのままでいいのか……。友人たちが次々結婚していく中、自分はいつまでもこのままなのか……と思ってしまいます。私と彼の関係性を、より良い形に前進させるには、どうしたらいいでしょうか。

A：それではお互いの関係性がどのような状態にあるのか、**ヘキサグラム・スプレッド**※1を使って、78枚のフルデッキで見てみましょう。

※1
174ページを参照

① 質問者の現状……星（正）
② 質問者の潜在意識……カップのキング（正）
③ 質問者の未来……ソードの8（正）
④ 相手の現状……ワンドの4（正）
⑤ 相手の潜在意識……女教皇（逆）
⑥ 相手の未来……ソードのキング（正）
⑦ アドバイス……カップの5（正）

Ⓐ：まずはＫさんご自身の現状ですが、彼に対して何らかの希望を抱いていることが、ダイレクトに「星」のカードに暗示されていますね。「これから変わってくれるかも……」という期待を抱いている。潜在意識には「カップのキング」。10年間、無職の彼を支え続けるということは、並大抵の愛情ではありません。尽きることのない惜しみない愛、それがこのカードに暗示されていますね。そして未来が「ソードの8」。やはり今のままでは、彼との関係は八方ふさがりで、限界を迎える状況というのが、出てきてしまうと思うんです。

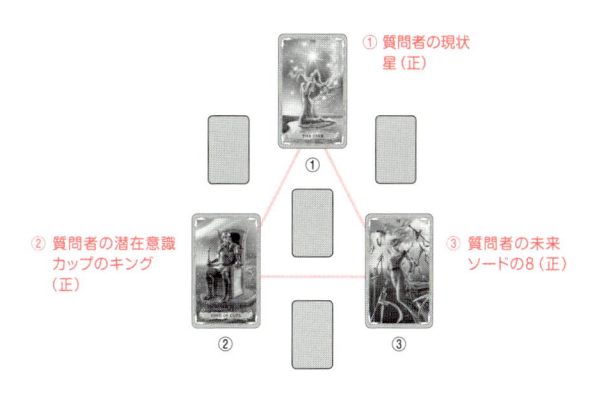

① 質問者の現状
星（正）

② 質問者の潜在意識
カップのキング
（正）

③ 質問者の未来
ソードの8（正）

Ⓚ：まさに今の私の状況が、そのままズバリでビックリです。タロットって、こんなにわかりやすく出るんですね……。

Ⓐ：それに対して、彼のほうの現状は「ワンドの4」の正位置です。これは、戦い前の小休止のカードと言われています。

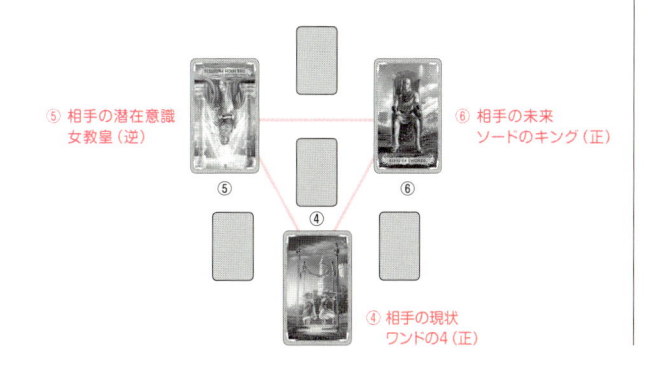

⑤ 相手の潜在意識
女教皇（逆）

⑥ 相手の未来
ソードのキング（正）

④ 相手の現状
ワンドの4（正）

＊これは『アルケミア・タロット』を使った実際の鑑定の内容から、一部を抜粋し再構成したものです

🅚：実は、もともと彼は親との関係がうまくいかなくて、一時避難として私の家に来たんです。それから10年間、そのまま居続けているので、だいぶ長い小休止なのですが……。

🅐：そうですね（笑）。でも彼のほうも、これは一時的なものであり「このままの生活をずっと続けられるはずがない」ということは、十分にわかっているはずですよ。そして潜在意識は「女教皇」の逆位置。彼にとって今の状況は本意ではないし、自分の道を見いだしたいと思っているけれど、「自分には無理」という思い込みにとらわれていたり、自分の殻に閉じこもっている様子が見てとれます。

でも未来が「ソードのキング」ですから、精神的にタフになって、自分に合った道を見つけると思いますよ。**お二人のカードに、それぞれ、キングが出ているところがポイント**※2ですね。Kさんは深い情のカップの王、彼は知性のソードの王。

🅚：確かに私が感情派で、彼は理系で理詰めに考える性質です。「人はなぜ働かなければいけないのか」といつも言っています。

🅐：Kさんは愛情を注ぎすぎていて、彼のほうは素直に物事を考えられない、というのがこの2人の王に暗示されていますね。

そして……アドバイスカードが「カップの5」。

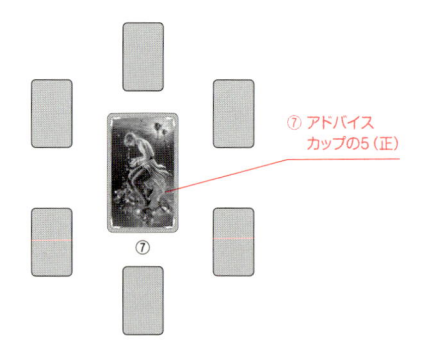

⑦ アドバイス
カップの5（正）

🅚：深い海の底に沈んで……悲しいカードですね。

🅐：失意のカードとも言われているんですが、必ずしも別れを暗示するわけではありませんよ。このカードに描かれたカップを見てください。

※2
小アルカナの中でもコートカードは、その人の「人物像や性格」が如実に表れていることが多いので、注意して読みましょう。また同じ種類のカードが出た場合は、その2つを対比させながら考えてみると、そこからストーリーが浮かび上がってくることも。

🄺：5つのカップのうち、3つが倒れて、水がこぼれていますね。

🄰：そう、先ほどのKさんの潜在意識も、同じくカップのカードでしたが「カップを倒す」＝「過剰な愛情を注ぐのをやめる」※3ということなんです。

🄺：なるほど！

🄰：これまで「まあいいか」と許してきたことを少しずつ変えたり、お世話しすぎるのをやめたり……。それによって、一時的に関係がぎくしゃくして、悲しみや痛みを感じるかもしれません。でも互いに自立して、彼の中に眠っている「ソードのキング」的側面を表に出すためには、惜しみなく愛を注いでしまうKさんの「カップのキング」には、少し下がっていてもらう必要があるんです。

コートカードは「一家」と考えるとわかりやすいのですが※4、キングはどちらも父性。一家に父親は2人いりませんよね？

🄺：ああ、わかりやすいですね……。私が彼の父性的側面を肩代わりしてしまっているために、彼の父性は出番が奪われているんですね。

🄰：とはいえ、必ずしも別れなければいけない、ということではないんですよ。カードには**残り2つ、きちんと立っているカップ**※5が描かれていますよね？

🄺：本当ですね。……でもこの人は、この2つのカップに背を向けていて、存在に気づいていないみたいです。

🄰：そうなんです。今はまだ見えないかもしれませんが、過剰な愛を注ぐのをやめれば、この残り2つのカップが示すような、本当の愛と信頼関係がきっと残るはず。

彼もKさんに甘えているけれど、Kさんも彼に愛を注ぐことに依存している側面が、あるのかもしれません。互いがきちんと自立して、愛ある距離感の築き方がわかってくれば、きっと前進できる……それを2つのカップが証明しています。

🄺：「彼自身が変わらなければ、どうしようもない」とずっと思い込んでいたのですが、「変わるべきは、自分だったんだ」ということが本当にわかりました。ありがとうございました！

※3
小アルカナで同スートのカードが出た場合、その問題が根っこのところでつながっている場合も多くあります。このように2枚のカードを関連づけて、そこに流れているもの、テーマとなっていることは何か、を読み解いてみましょう。

※4
コートカードは1つの「家族」と考えると、その役割がわかりやすくなるでしょう。キングは父、クイーンは母、ナイトは長男、ペイジは次男。4つのスートは4つの王家なのです。

※5
こうして絵柄のすみずみまで目を配ってみると、解釈の手がかりが描かれていることがあります。人物の表情や動作、背景、色使い……。こうしたところからも自由に連想を広げてみましょう。

> **お悩み3**

仕事でもっともっと成長したい！
Sさん（29歳・女性）

🅢：デザインの仕事をしていますが、今よりもっとうまくなって、納得のいくものを作りたい、と思っています。成長するためには、どうしたらいいでしょうか？

🅐：仕事運というよりは、仕事への意識や取り組み方についてですね。そうした問題を掘り下げるには、**ケルティッククロス・スプレッド**※1がおすすめです。78枚フルデッキで占ってみましょう。

※1
176ページ参照

① 現状…ソードのナイト（逆）
② 障害となっていること…死神（正）
③ 顕在意識…ワンドの4（正）
④ 潜在意識…吊るされた男（逆）
⑤ 過去（原因）…カップの10（正）
⑥ 未来…ソードのクイーン（正）
⑦ 質問者の意識…カップの4（正）
⑧ 周囲の状況（環境）…月（逆）
⑨ アドバイス…ソードの10（正）
⑩ 最終結果…ワンドのエース（正）

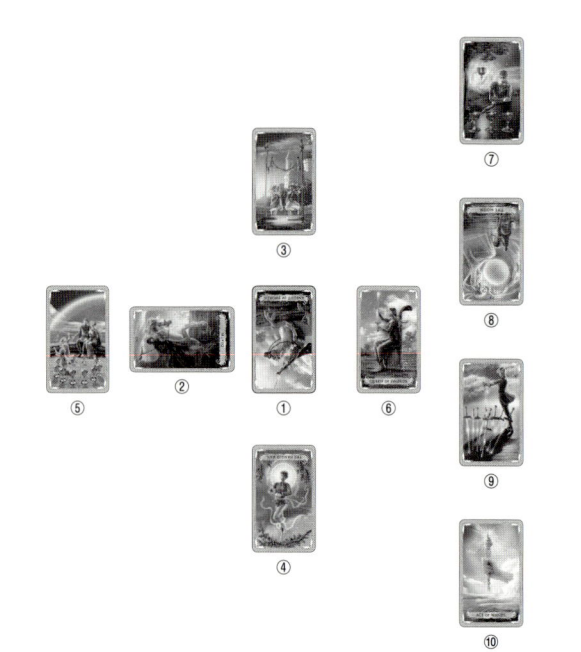

Ⓐ：まずは全体的なことをお話ししていいですか。

Ⓢ：はい、お願いします。

Ⓐ：今回のＳさんの配置は、「終了」を示すカード[*2]が多いんですね。「カップの10」、「ソードの10」は、それぞれのスートの最後のカード。それに「死神」も何かを断ち切り、終わらせる必要性を暗示しています。

Ⓢ：わ、ほんとだ！

Ⓐ：それで最終結果が「ワンドのエース」。まさに「始まり」のカードです。Ｓさんは今までのステージを終了し、バージョンアップする時期ということが、言えると思います。これまでのやり方やスタンスとは違う方向に進んだり、自分が得意としてきたことから、一度離れる時期に当たっているように感じます。

Ⓢ：そ、それは……デザイナーを辞めて転職するべき、ということですか!?

Ⓐ：いえいえ（笑）。たとえば、音楽でも同じ作曲家の作品の中に、テンポの速い曲、ゆったりとした曲と、さまざまなテイストがありますよね。

それと同じことで、今までＳさんがテンポの速い曲が得意で、それをメインにやっていたとしたら、その方向性はひとまず置いておいて、ゆったりとした曲など、まったく違うものにトライしていく必要がある、ということです。

Ⓢ：なるほど〜。要するに得意ジャンルを増やしていく、ということですね。

Ⓐ：そうです。その冒険を始めることが、最終結果の「ワンドのエース」にも暗示されています。では１枚ずつ、詳しく解説していきますね。現状に出ているのは「ソードのナイト」の逆位置。これは目指している方向性を見失っている、目標が見えない、という今のご自身の状態を表しています。

Ⓢ：ええ、まさにそんな感じです！

※2
展開したスプレッド全体を見て、似た印象のカードがないか調べてみましょう。たとえば「終了」を示すカードの代表格としては、死神や塔、完成を意味する世界のカードなどがあります。また小アルカナの最終カードである各スートの10も、一つの物語の終着点を示しています。

*これは『アルケミア・タロット』を使った実際の鑑定の内容から、一部を抜粋し再構成したものです

🅐：そして障害の位置に出た「死神」は、先にお話しした通り、終了させるべき何かがある、ということ。
　顕在意識は「ワンドの4」で、小休止を意味する穏やかなカードですから、慌ただしい仕事に追われている時はなかなか考えない「これから自分はどうなっていこう」という、根本的な問題に思いを巡らせるお気持ちになったのでしょう。
　そして潜在意識は「吊るされた男」の逆位置。苦しそうに見えるカードですが、逆位置になると、吊られた足ではなく、後光が差している頭部に焦点が当たるんです。

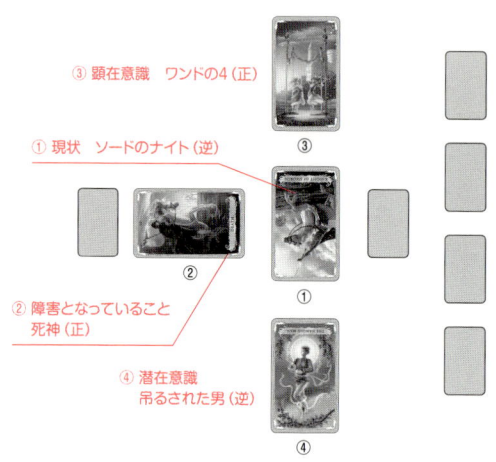

③ 顕在意識　ワンドの4（正）
① 現状　ソードのナイト（逆）
② 障害となっていること　死神（正）
④ 潜在意識　吊るされた男（逆）

🅢：本当だ、頭の背後に、光が描かれています※3ね。気づかなかった！

🅐：正位置、逆位置ともに、身動きがとれないことを意味しますが、逆位置では頭は冴えていて、「何をすべきか」はわかっている状態なんです。きっとSさんも潜在意識では「このままではいけない」と感じているはず。

🅢：確かに……そうかもしれません。

🅐：次に、時間経過の観点から見てみましょう。過去の位置に出たのが「カップの10」。カードの意味としては、幸福な状況を表しますが、今回は10という数に注目※4してみましょう。これはカップの最終段階のカード、つまりご自身が愛情を込めて作り上げてきた一つの世界観が、完結したことを意味しています。

※3
このカードのように、逆位置にすることでパッと目に飛び込んでくるモチーフが変わってきます。実際にひっくり返して眺めて、そこから自由にイメージしてみましょう。（32ページ参照）

※4
小アルカナは意味だけでなく、ナンバーにも注目してみましょう（ナンバーの意味は37ページ参照）。またエース～10までを一つの物語と考えた時に、そのスートが示す旅がどこの局面まで来ているのか、ということも参考になる場合があります。同じナンバーのカードが出た時には特に、その数が重要な意味を持っていることが多いので、その点にも注目しながらイメージを広げてみましょう。

そして未来は、知性やクリエイティビティーを司る「ソードのクイーン」。今までよりアンテナを鋭く立てて、たくさんのものに触れることで、新しい方向性が見つかることを表しています。

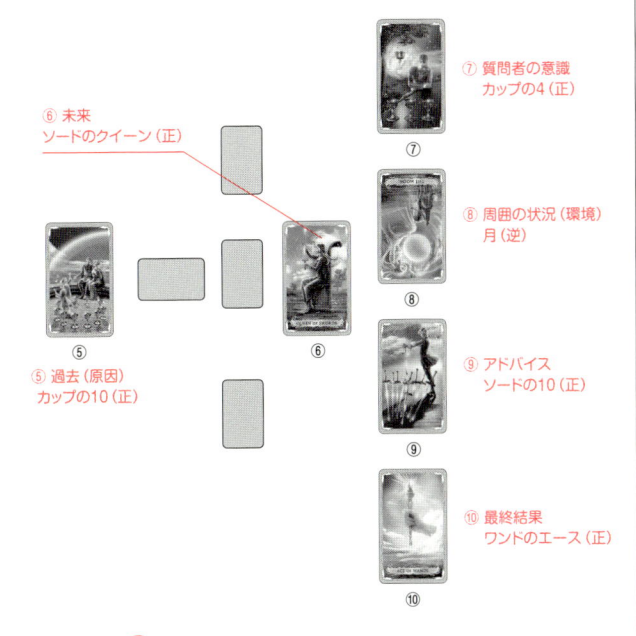

⑥ 未来
ソードのクイーン（正）

⑦ 質問者の意識
カップの4（正）

⑧ 周囲の状況（環境）
月（逆）

⑨ アドバイス
ソードの10（正）

⑩ 最終結果
ワンドのエース（正）

⑤ 過去（原因）
カップの10（正）

A：周囲の環境は、月の逆位置。月は正位置でも逆位置でも、曖昧模糊とした「迷い」のカードですが、周囲の助けを期待しても手応えが得られない状況、つまりこの質問は、周囲の関与が及ばない、本人の内面的な問題であることを示します。

S：つまり他人や環境を当てにせず、自分で何かをつかみ取るしかない、ということですね。

A：はい。そしてアドバイスが「ソードの10」。主人公が自らの影に剣を突き立てている構図からもわかる通り、過去の自分を終わらせるカードです。死神と似たイメージですが、こちらは自分の弱さやトラウマ、過ぎたことに固執する気持ちなど、自分のシャドウ的な部分を含みます。

今ここで一度、そういったものを断ち切ることで、新しい旅が

※5
ケルティッククロス・スプレッドで「周囲の環境」の位置に出たカードは、質問者を取り巻く状況や周りの人たちの関与を示しますが、それが本人の内面的な問題であって、他者は関係ない可能性もある……ということを考えながら読みましょう。

始まる……そのことを暗示しているのが、最終結果の「ワンドのエース」です。
　最初にお話しした通り、ワンドは情熱、エースはその始まりのカードですから、次の冒険の始まりは、もうすぐそこまで来ているはずですよ。

S：うわ～。これは、思いきって始めてみないといけませんね。（笑）

A：そうですね。「うまくなろう」というと、今までやってきたことの、延長線上にあるようなイメージですが、そうではなく「自分の違う一面を開発しよう」という気持ちが大事です。そのためには、習慣化したやり方や生活と決別する必要があるかもしれません。
　今までなら見向きもしなかったデザインに関心を持ったり、別ジャンルの本を読んだり……。今までしてきたことに一度フタをして、まっさらな状態から始めるようなイメージです。

S：自分の中に、新しい風を取り込むんですね。

A：はい。とはいえ、それで前のものが失われるようなことはないので、安心してください。むしろ新しい挑戦は、過去にやってきたことの表現力も、格段にアップさせます。そもそも現状の位置に出た「ソードのナイト」が示す通り、今後は同じことをやっていても、あまりやりがいを感じられなくなっていくでしょう。
　これからは、今まで以上に鋭いアンテナを立て、なじみのないものもキャッチし、吸収する……そうしてキャパシティーを広げていくことが、仕事の成功につながっていくと思います。

S：確かに……物を作る人間としては、当然すべきことですよね。もしかしたら、それを怠っていたのかもしれません。

A：Ｓさんはもっと欲張りになっていいんですよ。新鮮な気持ちで世界を見て、惹かれたものをどんどん取り入れていけば、きっと新しいＳさんになれると思いますよ。

——いかがだったでしょうか？　実際の鑑定の様子をかいま見ることで、カードのキーワードに縛られず、質問者の状態や質問の内容に応じて、自由にイメージを広げていくことが大切だということが、おわかりいただけたのではないかと思います。

　カード1枚ずつの意味だけではなく、周りのカード、その前の鑑定で出たカード、同じスートや同じナンバー、逆位置のカードなど、それぞれを関連させながら読むことで、「新たな意味やストーリー」が浮かび上がってくることも、よくあるのです。

　ちなみに、同一スプレッドの中に、複数の逆位置のカードが出た場合、「1つのカードが正位置に変われば、その他のカードも正位置に変わる」という読み方もできます。この場合は、物事の確信となっている部分、ねじれや葛藤を生じさせている部分は何なのかを、探り当てることがポイントになります。

　解説書に頼る前に、まずは自分の頭で考えてみること。そして1枚のカードにとらわれず、全体を俯瞰して眺めてみること……。そうすると、カード同士をつなぐ目に見えない糸がきっと、あなたにも見えるようになってくるはずです。

　そうしてカードを通じて、その人なりの物語を紡ぎ出す……これこそがタロットで占いすることの一番のおもしろさ。タロットから得た知恵やヒントは、きっとあなたの人生をより豊かで、味わい深いものへと変えてくれるはずです。

エピローグ
～人生を変えるタロットの力～

★自分の人生に「能動的にかかわる姿勢」が生まれる

　普段、私たちは慌ただしく日常に追われています。目の前には、「しなければならないこと」が山積みで、本当にそれをしなければならないのか、考えるヒマもありません。また、怠惰な心に負けて問題を先送りしたり、やすきに流れた日々を送ってしまったりもするでしょう。あなたの場合はどうでしょうか？「まあいいか」「いつかやろう……」が、口グセになってしまっていませんか？
　そうしているうちに、本当に自分がやりたかったことを見失い、魂の目的から外れた生き方をしてしまっていることも、少なくありません。
　「タロットで占う」とは、その安易な流れにあらがうことです。なぜなら「占う」という行為は、「何かを知りたい、知って現実や未来を変えたい」という衝動があるからこそ行うもの。つまり「占いたい」と思った時点で、その人は、「自分の力で望み通りの人生を歩みたい、そのために行動を起こしたい」という意思表明をしているのと同じなのです。
　そうしてタロットで占うことで、目の前に起きたこの出来事は、自分にとってどんな意味を持つのか、自分はこれからどうしていきたいのか……など、普段なかなか目を向けない「人生の根本的なテーマ」に、向き合うきっかけが生まれます。自分の人生を人まかせにせず、積極的にかかわろう、能動的に変えてゆこうとする意思が生まれるのです。
　人生に無気力になってしまっている時や、悩みの中にあって身動きがとれないと感じている時には、タロットで占うことが、自らの足で人生を歩み、幸せをつかもうとする情熱を思い出させる、素晴らしいトレーニングになるでしょう。

★自分の「本当の気持ち」に気づくことができる

　タロットで占っていくうちに、自分がいかに、自分自身のことすら十分に理解していなかったか……ということに気づくでしょう。たとえば、「恋がしたい」と思って出会いを占ったものの、自分が求めていたのは、必ずしも恋愛相手では

なく、気持ちを打ち明けられるパートナーだった……ということに気づいたり、恋も仕事もうまくいかないのは、実は母親との関係にわだかまりがあるのが原因だった、ということが明らかになることも……。

　タロットは、自分自身をもう一度見つめ直すための、きっかけを与えてくれます。あなたが「こうでなければ」「こうであるはず」と思い込んでいることと、本当の望みとの間にあるギャップに光を当てて、問題の核心を浮き彫りにしてくれます。問題がどこにあるかさえわかれば、おのずとそれを解決する手段も見えてくるでしょう。

★問題に「自分なりの解決策」を見つけ出すことができる

　悩みを解決するには、どうすればいいか考える —— これはなかなか難しいことです。悩んでいる最中は、視野が狭まっていることが多いため、堂々巡りになってしまったり、どんどん悲観的に考えるようになってしまうかもしれません。

　タロットで占うことの良さは、「考えるための材料」を与えてくれる点にあります。「カードを引く」ということは、今の自分を、そのカードの視点から見つめ直すことでもあります。それにより、今まで見ていたのとは別の角度から、現状をとらえ直すことができるようになるでしょう。

　カードに与えられた豊富なイメージやキーワードは、言葉にならない気持ちや状況に、「形」を与えるのを助けてくれます。タロットで占うことによって、問題から抜け出すための方法を、自分自身で見つけ出すことができるのです。ですから、人に占ってもらうのもいいですが、自分で占い、自分で考えることに、タロット占いの一番の醍醐味があると言えるでしょう。

　自分で考え、導き出した答えは、他人から押しつけられたものではない、あなた自身が出した「答え」。だからこそ、あなたにとって真実であり、人生を変えるきっかけにもなるのです。

大アルカナ キーワード一覧表

	0	0・愚者	始まり・自由・未知数
	I	1・魔術師	創造する・行動を起こす
	II	2・女教皇	真理・気づき・知性
	III	3・女帝	豊かさ・母性・女性性
	IV	4・皇帝	支配・父性・自信
	V	5・法王	精神性・正しさ・道徳心
	VI	6・恋人	パートナーシップ・選択
	VII	7・戦車	勝ち取る・積極的
	VIII	8・力	力の均衡・コントロール
	IX	9・隠者	内省・自己探求
	X	10・運命の輪	流転する運命・ターニングポイント

	XI	11・正義	正しさ・冷静・決断
	XII	12・吊るされた男	閉塞した状況・身動きがとれない
	XIII	13・死神	何かを終わらせる・潮時
	XIV	14・節制	調和・バランス・穏やかさ
	XV	15・悪魔	問題提起・心の中の魔
	XVI	16・塔	崩壊・新陳代謝
	XVII	17・星	希望・理想を追い求める
	XVIII	18・月	不安・無意識・感情
	XIX	19・太陽	自我・顕在意識・芸術性
	XX	20・審判	再生・覚醒
	XXI	21・世界	完全・完成

小アルカナ キーワード一覧表

WANDS ワンド	
エース	情 熱
2	目標を設定する
3	実行に移す
4	ひとときの安らぎ
5	問題に立ち向かう
6	勝利をつかむ
7	守りのための戦い
8	急速な展開
9	抜かりがない
10	努力は続く
ペイジ	進むべき道を選ぶ
ナイト	出陣する
クイーン	芯の強さ
キング	理想の実現

PENTACLES ペンタクル	
エース	確かな手応え
2	未知・バランス感覚
3	進 歩
4	所有する
5	喪失感
6	価値あるもの
7	思案する
8	才能を伸ばす
9	実りの享受
10	完 成
ペイジ	見込みがある
ナイト	誠 意
クイーン	育 む
キング	人望・成功

SWORDS ソード	
エース	知性・叡智
2	二者択一
3	失意
4	小休止
5	不調和
6	進路変更
7	本心を隠す
8	制限・抑制
9	思い悩む
10	自己成長
ペイジ	見聞を広げる
ナイト	即戦力・スピード感
クイーン	思慮深さ
キング	理想と現実の調和

CUPS カップ	
エース	愛と美・平和
2	共感する
3	祝福
4	物思いにふける
5	悲しみ
6	心あたたまる交流
7	妄想・迷い
8	真の望みに気づく
9	満たされる
10	幸福
ペイジ	豊かな感受性
ナイト	ロマン
クイーン	愛を注ぐ
キング	寛大

タロット占い用語集

★ **タロット (Tarot)**

英語圏では「タロー」と発音するが、日本では一般に「タロット」と呼ばれている。その名の由来については諸説あり、エジプトにおいて「王道」を意味する「Tar(道)Ro(王)」が由来という説、ユダヤの律法書「TORA」が発祥という説などがあったが、現在のタロット研究では不明とされている。

★ **アルカナ (Arcana)**

ラテン語で「秘儀」「神秘」「秘教」を意味する「arcanum」の複数形。「タロットは神秘的な意味が隠された寓意画である」という考え方が生まれた19世紀頃に誕生した呼び名とされている。現在は、タロットそのものを指す言葉として用いられている。

★ **大アルカナ**

0「愚者」から、21「世界」までの22枚のカードのこと。英語ではMajor Arcana（メジャーアルカナ）と言う。

★ **小アルカナ**

ワンド・ペンタクル・ソード・カップの4つのスートからなる、エースから10、ペイジ・ナイト・クイーン・キングまでのカードのこと。各スート14枚、合計56枚で、英語ではMinor Arcana（マイナーアルカナ）と言う。

★ **スート**

タロットやトランプに描かれている4つのマークのこと。タロットの場合、小アルカナを構成するワンド（こん棒）・ペンタクル（コイン）・ソード（剣）・カップ（杯）を指している。中世ヨーロッパの社会階級に由来するとも言われ、ワンド＝農民、ペンタクル＝商人、ソード＝騎士、カップ＝聖職者というように、各階級を象徴するアイテムがシンボルになっている。また各スートは、エレメント（四大元素）にも対応している。

★ **エレメント (Element)**

もとは「要素」を意味する言葉で、ラテン語の「Elementum」に由来。西洋占星術やタロットなど、西洋神秘学においては、万物を構成する基本要素である「火・地・風・水」という四大元素を意味し、「火のエレメント」「地のエレメント」などという呼び方をする。

★ **コートカード**

小アルカナのうち、ペイジ（PAGE）・ナイト（KNIGHT）・クイーン（QUEEN）・キング（KING）という人物が描かれたカードのこと。各スート4枚ずつ、合計16枚で、「宮廷（court）カード」とも言う。「具体的な人物像」を表すことが多いとも言われている。

★ **スートカード**

小アルカナのエースから10までの数札のこと。「ニューメラルカード」とも呼ばれる。

★ **デッキ**

ワンセットのカードのこと。「パック」と呼ばれる場合もある。トランプなど、タロット以外のカードでも用いられる呼称。特にタロットの場合、大小アルカナを含めた78枚のカードのことを「フルデッキ」と言う。

★ウェイト版
　20世紀初頭に、イギリスのアーサー・エドワード・ウェイト博士が制作したタロットデッキ。78枚のフルデッキで、大アルカナだけでなく小アルカナにも挿絵を付けたのが特徴。現在、もっともポピュラーなタロットデッキとされている。別名「ライダー版」とも呼ばれる。

★マルセイユ版
　16世紀以降、ヨーロッパで広く流通していたタロットカードのこと。78枚のフルデッキで、小アルカナの数札は、各スートの象徴シンボル（こん棒・コイン・剣・杯）のみを描いた数札になっているのが特徴。マルセイユ版の図柄を踏襲したタロットを、マルセイユ系タロットと言う。

★ヴィスコンティ版
　現存するものの中で、もっとも古いとされるタロットの原型。15世紀頃、イタリアの貴族・ヴィスコンティ家のために描かれたもので、キャリー・イェール版、ピアポント・モルガン・ベルガモ版など、さまざまなバージョンが存在する。

★シャッフル
　占いの前に、机の上などにカードを裏向きに広げ、天地左右が十分に交ざり合うように、両手でかき交ぜること。逆位置を取る際は、必ずこの方法で交ぜる必要がある。また他人を占う際は、その質問者自身がシャッフルを行うことも多い。

★カット
　占いの前に、カードを切ること。シャッフルした後に、カットをするのが一般的。トランプゲームを行う際のように、カードを手に持って切る方法、カードをいくつかの山にして、その順序を入れ替える方法などがある。

★スプレッド
　シャッフルやカットを終えた後に、カードを並べる配置の形のこと。カードを置く位置ごとに意味づけがなされており、スプレッドを用いることで、より多角的な解釈が可能になる。有名な「ケルティッククロス」や「スリーカード」などのほか、オリジナルのスプレッドを考案する人も多く、そのバリエーションは無数に存在する。質問内容に応じて、適したスプレッドを選ぶことが大切。

★リーディング
　実際に引き当てたカードの意味を、読み解いていくこと。単純にカード1枚ずつの意味を読むだけでなく、スプレッドに出たカード全体や、隣り合ったカードとの関連性など、総合的な解釈が行われる。占者の技能や知識が、もっとも問われるプロセスである。

★正位置
　カードが天地左右正しい向きに出ること。「アップライト」とも言う。

★逆位置
　カードが天地左右逆さまに出ること。「リバース」とも言う。本来のカードの意味が反転する、逆になるなど、ねじれた状態で出ることを表している。

★タロティスト
　タロット占いをする人のこと。

監修者紹介

森村あこ *Ako Morimura*

ホロスコープカウンセラー、西洋占星術研究家、ストーンセラピスト、アロマセラピスト。「セブンティーン」など女性誌を中心に執筆多数。深層心理への深い理解に基づく悩み相談で、多くの人々を勇気づけている。また、日本における本格的なストーン・ヒーリングの実践家として、パワーストーンやアロマとの幅広いつき合い方をテーマに、執筆・講演等を行っている。著書に『アルケミア・タロット』『パワーストーン・オラクルカード』『パワーストーン・オラクルカード・プレミアム』『パワーストーン 幸運の辞典』『パワーストーン 魔法の石カタログ』『パワーストーン&アロマ活用ガイド』（実業之日本社刊）などがある。

カバーデザイン／こやまたかこ
アルケミア・タロット画／貴希(Takaki)
本文デザイン／鈴木ユカ
撮影／泉山美代子
本文イラスト／坂田優子(P9～31、P146～185)
　　　　　　　貴希(P151、P184)
　　　　　　　まめもやし(P158～159、P192～205)

編集協力／山田奈緒子(説話社)
企画・編集／高森玲子(実業之日本社)

Special Thanks to KAGAYA Studio, Nyoro and friends.

「ウェイト版タロット」および「セイクリッド・アート・タロット」「メディバル・スカピーニ・タロット」はU.S.Games社の許可を得て、「ラバーズ・パスタロット」は著者のKris Waldherrの許可を得て掲載

Illustrations from the Sacred Art, Medieval Scapini and Rider-Waite Tarot® Decks reproduced by permission of U.S. Games Systems, Inc., Stamford, CT 06902 USA. Copyrights ©2008, 1985 and 1971 respectively by U.S. Games Systems, Inc. Further reproduction prohibited. The Rider-Waite Tarot Deck® is a registered trademark of U.S. Games Systems, Inc.
Illustrations from The Lover's Path Tarot reproduced by permission of Kris Waldherr.

その他の外国製タロットはLo Scarabeo社の許可を得て掲載しました

Manufactured under licence ©Lo Scarabeo s.r.l. All rights reserved.

はじめてでもよくわかる
タロット占い入門

2012年 8月 5日　初版第1刷発行
2024年 2月 1日　初版第15刷発行

監修者　森村あこ
発行者　岩野裕一
発行所　株式会社実業之日本社
　　　　〒107-0062 東京都港区南青山6-6-22 emergence 2
　　　　【編集部】03-6809-0452【販売部】03-6809-0495
　　　　実業之日本社のホームページ https://www.j-n.co.jp/
印刷・製本　大日本印刷株式会社

© Ako Morimura, Jitsugyo no Nihon Sha, Ltd.
ISBN978-4-408-10947-3　2012 Printed in Japan
乱丁・落丁の場合はお取り換えいたします。(第一経済)

本書の一部あるいは全部を無断で複写・複製(コピー、スキャン、デジタル化等)・転載することは、法律で認められた場合を除き、禁じられています。また、購入者以外の第三者による本書のいかなる電子複製も一切認められておりません。
落丁・乱丁(ページ順序の間違いや抜け落ち)の場合は、ご面倒でも購入された書店名を明記して、小社販売部あてにお送りください。送料小社負担でお取り替えいたします。ただし、古書店等で購入したものについてはお取り替えできません。
定価はカバーに表示してあります。
小社のプライバシー・ポリシー(個人情報の取り扱い)は上記ホームページをご覧ください。